Deutscher Seefischerei-Verein

Die Einführung des Motors in die deutsche Segelfischerei

Berichte über die Versuche des deutschen Seefischerei-Vereins mit Motor-Fischkuttern und Motorbooten in der Ostsee (1907)

Deutscher Seefischerei-Verein

Die Einführung des Motors in die deutsche Segelfischerei

Berichte über die Versuche des deutschen Seefischerei-Vereins mit Motor-Fischkuttern und Motorbooten in der Ostsee (1907)

ISBN/EAN: 9783954270569
Erscheinungsjahr: 2012
Erscheinungsort: Bremen, Deutschland

© maritimepress in Europäischer Hochschulverlag GmbH & Co. KG, Fahrenheitstr. 1, 28359 Bremen. Alle Rechte beim Verlag und bei den jeweiligen Lizenzgebern.
www.maritimepress.de | office@maritimepress.de

Bei diesem Titel handelt es sich um den Nachdruck eines historischen, lange vergriffenen Buches. Da elektronische Druckvorlagen für diese Titel nicht existieren, musste auf alte Vorlagen zurückgegriffen werden. Hieraus zwangsläufig resultierende Qualitätsverluste bitten wir zu entschuldigen.

Deutscher Seefischerei-Verein

Die Einführung des Motors in die deutsche Segelfischerei

Berichte über die Versuche des deutschen Seefischerei-Vereins mit Motor-Fischkuttern und Motorbooten in der Ostsee (1907)

DIE EINFÜHRUNG DES MOTORS

IN DIE

DEUTSCHE SEGELFISCHEREI

BERICHTE

ÜBER DIE VERSUCHE DES DEUTSCHEN SEEFISCHEREI-VEREINS
MIT MOTOR-FISCHKUTTERN UND MOTORBOOTEN IN DER OSTSEE

MIT 14 ABBILDUNGEN IM TEXT UND EINEM AUSSCHNITT
AUS DER DEUTSCHEN ADMIRALITÄTS-KARTE NO. 136,
FISCHEREI-KARTE DES MITTLEREN TEILS DER OSTSEE

BERLIN
VERLAG VON OTTO SALLE
1907

Vorwort.

Der Band VIII der „Abhandlungen des Deutschen Seefischerei-Vereins" brachte den „Bericht über die Motoren-Versuche des Deutschen Seefischerei-Vereins auf Nordsee-Fischerfahrzeugen und Beschreibung der Fischerei-Betriebe" von H. O. Lübbert, Fischereiinspektor in Hamburg.

Indem wir auf den Schluß unseres Vorwortes zu Band VIII der Abhandlungen Bezug nehmen, übergeben wir nunmehr die Ergebnisse der Versuche der Oeffentlichkeit, welche wir in der Ostsee mit Motorfahrzeugen und -Booten gemacht haben.

Es handelte sich hier, wie wir bereits in dem Vorwort zu Bd. VIII S. 5—6 angegeben haben, um die Motorkutter „Memel" und „Köslin", zwei Schwesterschiffe nebst Motorbeibooten; und um das offene Motorboot „Pommern". Kutter und Boote, sowie die in ihnen laufenden Petroleummotoren sind dargestellt und beschrieben in dem Werk:

> Seefischereifahrzeuge und Boote ohne und mit Hilfsmaschinen. Von R. Dittmer, Kaiserlicher Kapitän zur See a. D. in Hannover, und H. V. Buhl, Schiffsbaumeister zu Frederikshavn in Dänemark. Herausgegeben vom Deutschen Seefischerei-Verein. Hahn'sche Buchhandlung. Hannover und Leipzig. 1904. Preis 6 Mark; für deutsche See- und Küstenfischer, zu beziehen durch den Deutschen Seefischerei-Verein, 2,50 Mark.

Einzelne Abbildungen aus diesem Werk sind in die folgenden Arbeiten eingefügt.

Dem Königlichen Fischmeister Herrn Siebolds zu Memel verdanken wir die Arbeit über die Motorkutter „Memel" und „Köslin". Der Königliche Oberlotse Herr Block zu Pillau hatte die Güte, die Arbeit über das offene Motorboot „Pommern" zu übernehmen. Beiden Herren sagen wir für ihre Bemühungen warmen Dank. Ihre Leistungen sprechen für sich selbst.

Auch wiederholen wir unseren Dank an die Herren Geheimen Regierungs- und Baurat Wilhelms (Köslin), Oberfischmeister Heidrich (Swinemünde), Oberfischmeister Hoffmann (Pillau) und Oberfischmeister Pehl (Labiau), da die unermüdliche Unterstützung durch diese Herren bei der Einleitung und Ausführung unserer Versuche von größter Bedeutung für deren Gelingen gewesen ist.

Deutscher Seefischerei-Verein.

Inhaltsverzeichnis.

Vorwort   Seite

Erster Teil.

Die Motorkutter „Memel" und „Köslin".

Einleitung 1
Erstes Kapitel: Von der Seetüchtigkeit und Segelfähigkeit der Kutter 12
Zweites Kapitel: Von der Notwendigkeit und der praktischen Schließung der Bün 16
Drittes Kapitel: Von der Brauchbarkeit und Stärke des Motors 18
Viertes Kapitel: Von den Reparaturen und Betriebskosten des Motors 22
Fünftes Kapitel: Von den Fangbetrieben und Fangergebnissen der Kutter . . . 24
Sechstes Kapitel: Von der Rentabilität und Zweckmäßigkeit der Motorfahrzeuge 33
Siebentes Kapitel: Von der Brauchbarkeit der Winde und der gesamten Kutter-
 ausrüstung für den Fischereibetrieb 37
Schluß: Wirkung der Versuchsfischerei mit Motorkuttern auf die Fischer-
 bevölkerung der Memeler Gegend und Ausblick auf die Zukunft 40

Auszüge aus den Schiffstagebüchern (Fangbüchern) der Motorkutter
 „Memel" und „Köslin" 43
    Motorkutter „Memel" 45
    Motorkutter „Köslin" 83

Zweiter Teil.

Das offene Motorboot „Pommern".

Die Leistungen, besonders die mit Motor allein, unter Segel allein, sowie die-
 jenigen mit Motor und Segeln 126
Die Beballastung 127
Der Motor 127
Die jährlichen Kosten des Motors 127
Die ausgeübten Fangbetriebe 127
Die Fanggründe und die Erträge aus den Fängen 128
Die Motorwinde 135
Die Benutzbarkeit des Pommern-Typus für die hinterpommersche Küste und im
 allgemeinen 135
Weitere Lehren 135

Erster Teil.
Die Motorkutter „Memel" und „Köslin".

Einleitung.

Die Seefischerei an den preußischen Küsten der Ostsee blickt auf eine lange Vergangenheit zurück. Wenigstens läßt sich für Ostpreußen und insbesondere für die Strecke zwischen Memel und Pillau die Seefischerei als stehendes Gewerbe neben der Haffischerei schon im 15. Jahrhundert nachweisen. Bei dem Reichtum der preußischen Ostseeküsten an Süßwasserhaffen und der Ergiebigkeit der letzteren spielte naturgemäß die Haffischerei lange Zeit die erste Rolle. So finden wir in zwei Urkunden betreffend die Auseinandersetzung über Fischereiberechtigung zwischen den beiden Häusern des deutschen Ritterordens zu Memel und Goldingen aus den Jahren 1328 und 1331 nur Sterkens (Zander), Hechte und Bresmen (Bressen), also nur Süßwasserfische erwähnt, von Seefischerei wird nicht gesprochen. Aber schon in dem folgenden Jahrhundert muß die Seefischerei bedeutender geworden sein, denn die im 15. Jahrhundert erteilten, in noch vorhandenen Urkunden des 16. Jahrhunderts bestätigten, Fischereiprivilegien der Krüger in den Fischerdörfern der ostpreußischen Küste reden meist ausdrücklich von „allerley Fischerey im Haabe und in der Sehe", die den Inhabern der Krüge auszuüben gestattet wurde. Ebenso wird den ansässigen Fischern dieselbe doppelte Berechtigung

Fig. 1.
Ostpreußischer Seefischer.

erteilt gegen die fast überall gleiche Abgabe von „2 Mark an geldt, 1 Thonne Dorsch und 10 schock Rauchfische". Die Dorschfischerei hat also damals in der Seefischerei die erste Rolle eingenommen. Von den damals für die Seefischerei gebrauchten Netzen und Booten läßt sich wenig feststellen, genannt werden an einzelnen Stellen nur für Haff und See zusammen „Kleine Gezeuge und Wintergarne", die Boote wurden an Ort und Stelle gefertigt und können nicht ganz primitiv gewesen sein, da unter der Fischerbevölkerung um das Jahr 1670 schon besondere „Bootsbauer" selbst in kleinen Dörfern und ungefähr in derselben Zeit sogar darunter ein „Schiffszimmermeister" aufgeführt werden. Jedenfalls hat es sich damals lediglich um Strandfischerei gehandelt, wie sie jetzt noch in vielen Fischerdörfern bei der Lachs- und Dorschfischerei im Frühlinge betrieben wird. Erst aus einem Berichte des Kriegsrates Heins vom Jahre 1781, der in Memel an einer neu zu entwerfenden Fischereiordnung für das Kurische Haff arbeitete, ist Näheres über Boote und Gezeuge bekannt. Dennoch scheinen die Fischer schon Kielboote

Fig. 2.
Ostpreußische Seefischer beim Netzestricken.

Fig. 3.
Ostpreußische Zeisenfischerboote.

benutzt zu haben, und für den Fang von Strömlingen und Flundern diente ihnen eine Art von Braadengarn, das für die Fischerei in See besonders hergerichtet war. Im 19. Jahrhundert fing die bis dahin völlig in den Kinderschuhen steckende Seefischerei Ostpreußens an sich zu entwickeln, sie hörte auf, ausschließlich Strandfischerei zu sein. Zu den dabei bisher gebrauchten Ruderbooten kamen etwas größere Segelboote. Zu dem Strandgarn gesellte sich zuerst für den Lachsfang eine Art von Stellnetzen, für den Flunderfang die Zeise, eine verkleinerte Snurrwade, für den Strömlingfang eine Art Treibnetz. Daneben nahm die Angelfischerei, welche auf Dorsche gewiß schon in alter Zeit nahe dem Strande betrieben worden war, einen größeren Aufschwung und entfernte sich immer weiter von der Küste, je mehr die Fahrzeuge an Seetüchtigkeit zunahmen. Trotzdem blieben die Seefischer Ostpreußens gegenüber den anderen Ostseefischern immer noch stark rückständig. Zähe klebten sie in der Fischerei ebenso wie in ihrer ganzen Lebenshaltung, Kleidung u. s. w. an der von den Vätern ererbten Sitte, vielerorten selbst noch bis auf den heutigen Tag, so daß

Fig. 4.
Lachsangelboote. Strandpartie bei Mellneraggen.

ihr Leben vor 100 Jahren wohl kaum anders ausgesehen hat, als die Bilder der Jetztzeit in Figur 1 und 2 es uns zeigen. Es bedurfte eines starken Anstoßes von außen her, um die Seefischerei weiter zu vervollkommnen. Diesen Anstoß gaben pommerische Fischer, die nach 1870 mit ihren Lachsangeln die ostpreußischen Küsten besuchten. Sie wurden die Lehrmeister der ostpreußischen Fischer, die nun erst die Lachsangelfischerei kennen lernten, selbst versuchten und dadurch erst auf die Mängel ihrer bisher für die Zeisenfischerei gebrauchten in Figur 3 dargestellten Seeboote aufmerksam gemacht wurden. Es begann der Bau der größeren und stärkeren Lachsangelboote, welche zwar auch noch offene Fahrzeuge, aber seetüchtiger als alle bisher an der ostpreußischen Küste benutzten

Fischereifahrzeuge waren und noch heute vielfach im Gebrauche sind. Dieselben waren teilweise nach pommerischer Art gebaut, teilweise hatten sie mehr den alten ostpreußischen Typ beibehalten. Derartige Boote sind in Figur 4 dargestellt. Damit begnügte man sich aber nicht. Um den pommerischen Fischern, die sich mit ihren Familien mehrere Jahre schon in Ostpreußen aufhielten, erfolgreicher Konkurrenz machen zu können, wurde in Memel schon im Jahre 1879 ein gedeckter großer Kutter zur Lachsangelfischerei gebaut, der zum Bestecken der Angeln 2 Boote mit je 3—4 Mann mit sich führte und bis auf 10 Meilen von der Küste fischte. Er versuchte auch die Fischerei mit dem Baumnetz, da dieses aber bei dem steinigen Grunde der Ostsee oft zerriß und überhaupt die große Besatzung zu bedeutende Unkosten

Fig. 5.
Dampfer „Benecke", früher Lachsangeldampfer. Memeler Haff.

verursachte, so wurde der Kutter schon nach kurzer Zeit nach der Nordsee verkauft. Jedenfalls zogen nunmehr die Pommern in ihre Heimat ab, bis auf einen Fischer namens Ziese, der in Memel wohnhaft blieb, bis er im Winter 1882 bei der Ausübung seines Gewerbes durch Erfrieren seinen Tod fand. Da auch sonst zahlreiche Verluste an Fahrzeugen und Menschenleben zu verzeichnen waren, legte sich 1880 die Regierung ins Mittel und gab an einige Fischer zinslose Staatsdarlehne, die zur Anschaffung kleiner Dampfer verwendet wurden, um die Lachsangelfischerei gefahrloser und intensiver betreiben zu können. Es waren im ganzen 6 Dampfer „Johanna", „Benecke", „Hoffnung", „Erwartung", „Vorwärts" und „Christow". Da aber der Lachs damals an der ostpreußischen Küste mehr und mehr abnahm, so rentierten sich die Dampfer bald nicht mehr, obwohl die Beköderung der Angeln bald ohne Boote von den Dampfern aus bewerkstelligt und dadurch die Mannschaft auf die Hälfte reduziert werden konnte. Die Dampfer wurden teilweise mit großen Verlusten verkauft. Der in Figur 5 dargestellte „Benecke" versieht heute den Fährdienst zwischen Memel und Sandkrug. Die Fischer mieteten sich nun Dampfer, durch die sie ihre Boote auf die hohe See schleppen ließen, um dort die Lachsangelfischerei zu betreiben. Da auch auf diese Weise die Erträge sich immer mehr verringerten und die Existenz der ganzen Seefischereibevölkerung Ostpreußens in Frage gestellt wurde, so blieb das Interesse der Regierung nach wie vor der Seefischereifrage zugewandt. Wie die Regierung schon bisher in Memel die

Fig. 6.
Nordermole mit Leuchtturm.

Seeschiffahrt gefördert hatte, durch Errichtung der Navigationsschule, durch Erbauung der in Figur 6 dargestellten Nordermole, durch Vertiefung der Haffmündung und durch vieles andere mehr, so wurde auch für die Seefischerei, besonders nachdem der Deutsche Seefischerei-Verein seine Aufmerksamkeit der Ostseefischerei zugewandt hatte, alles Mögliche getan. Das Wichtigste war dabei die Einführung der Lachskutter und der Treibnetzfischerei. Nach schwedischem Muster erbaute mit Hilfe eines Staatsdarlehns der Fischer Heinrich Lorenz von Süderspitze den ersten Lachskutter auf der Werft der Schiffszimmerer-Genossenschaft in Memel. Es war ein gedecktes Fahrzeug, etwas größer als die schwedischen, zunächst für die Treibnetzfischerei eingerichtet, später auch für die Lachsangelfischerei benutzt. Bald folgten ihm andere Memeler und Pillauer Fischer nach, die ihre Lachskutter teils bauten, teils aus Schweden kauften, sodaß schon 1898 in Ostpreußen etwa 200 Lachskutter im Ge-

Fig. 7.
Lachskutter „Grete" vor dem Einbauen des einzylindrigen Alphamotors.

brauch waren. Ein derartiger Kutter ist in Figur 7 dargestellt. Daneben wurden zur größeren Sicherung der Seefischer auf Anregung und unter Leitung des Deutschen Seefischerei-Vereins die Fischerversicherungskassen von Pillau 1893, von Memel 1897 und von Groß-Kuhren 1899 gegründet; die letztere ging allerdings wieder ein, desto besser bewährten sich die beiden andern. Auch wurde in neuester Zeit auf der langen hafenlosen Küste zwischen Memel und Pillau ein Fischerhafen bei Neu-Kuhren im Samlande erbaut, welcher, ähnlich wie der schon in den neunziger Jahren vollendete Helaer Fischerhafen, den Fischkuttern bei Stürmen eine nahe Zuflucht bietet. Trotzdem die Erträge der Lachskutter nicht unbedeutend waren, so erschien dem Deutschen Seefischerei-Verein der Betrieb nicht intensiv genug; er entschloß sich dazu, ebenso wie seit 1897 auf der Nordsee, auch auf der Ostsee Versuche mit Motorfahrzeugen zu machen und womöglich die Einführung von Motorkuttern in der Ostseefischerei wenigstens vorzubereiten. In seinem Auftrage unternahm der Königliche Oberfischmeister Heidrich aus Memel eine Befischung der Ostsee mit verschiedenen Netzen, die vom 29. August bis zum 20. Oktober 1901 dauerte*). Als Hauptschiff diente dieser Expedition der Dampfer „Holsatia" von Kiel, der dazu in Geestemünde besonders eingerichtet worden war, daneben der 51 Registertons brutto große Hochseekutter „Oberfischmeister Decker" von Cranz an der Elbe, der im Jahre 1900 mit einem 8 pferdigen Jastramschen Petroleummotor versehen worden war, ferner der 10 Tons große Fischkutter „Rettung" von Rügenwalde und ein 7 Tons großer Lachskutter von Kolberg, die beide nur Segel führten. An Stelle des letztern trat am 14. September der 14 Tons große Segelkutter „Anna" von Neutief bei Pillau. Die Expedition bewies, daß eine wirklich intensive Fischerei mit den Segelkuttern unmöglich war, dagegen waren die Erfolge des Motorkutters so zufriedenstellend, daß der Deutsche Seefischerei-Verein, da die Lage der Ostseefischer keine glänzende war und daher eigene Initiative von ihnen nicht zu erwarten stand, auf seine Kosten in Frederickshavn auf der Werft des Schiffszimmermeisters Buhl, zwei Motorkutter von 25,98 Registertons**) engl. für die Ostsee erbauen ließ, wovon jeder mit vollständiger Ausrüstung etwa 15000 Mark kostete. Diese Kutter sind in Figur 8 und 9 dargestellt***). Im Sommer 1903 fertiggestellt, begannen dieselben beide am 8. Oktober desselben Jahres ihre Tätigkeit, der eine, der den Namen „Memel" erhielt, fischte ein Jahr von Memel aus für Rechnung des Deutschen Seefischerei-

---

*) Siehe: Abhandlungen des Deutschen Seefischerei-Vereins. Herausgegeben vom Deutschen Seefischerei-Verein. Verlag von Otto Salle, Berlin W. 30, Elssholzstrasse 15. Bd. VII: Die Ostsee-Expedition 1901 des Deutschen Seefischerei-Vereins. Mit Berichten von Heidrich, Reibisch, Apstein, Schiemenz. Mit grosser Karte, IV Textkarten, XXVIII Tabellen und einer Anzahl Abbildungen im Text. 1902. Ladenpreis 8 Mark, Vorzugspreis für Mitglieder des Vereins 7 Mark.
**) Die Kutter waren in Dänemark zu 25,98 Registertons=73,5 cbm vermessen. Nach der Vermessung in Deutschland sind sie nur 46,6 cbm brutto groß.
***) Die Fahrzeuge sind in dem im Vorwort erwähnten Werk von Dittmer und Buhl genauer beschrieben und dargestellt. Die Figur 8 ist diesem Werk entnommen.

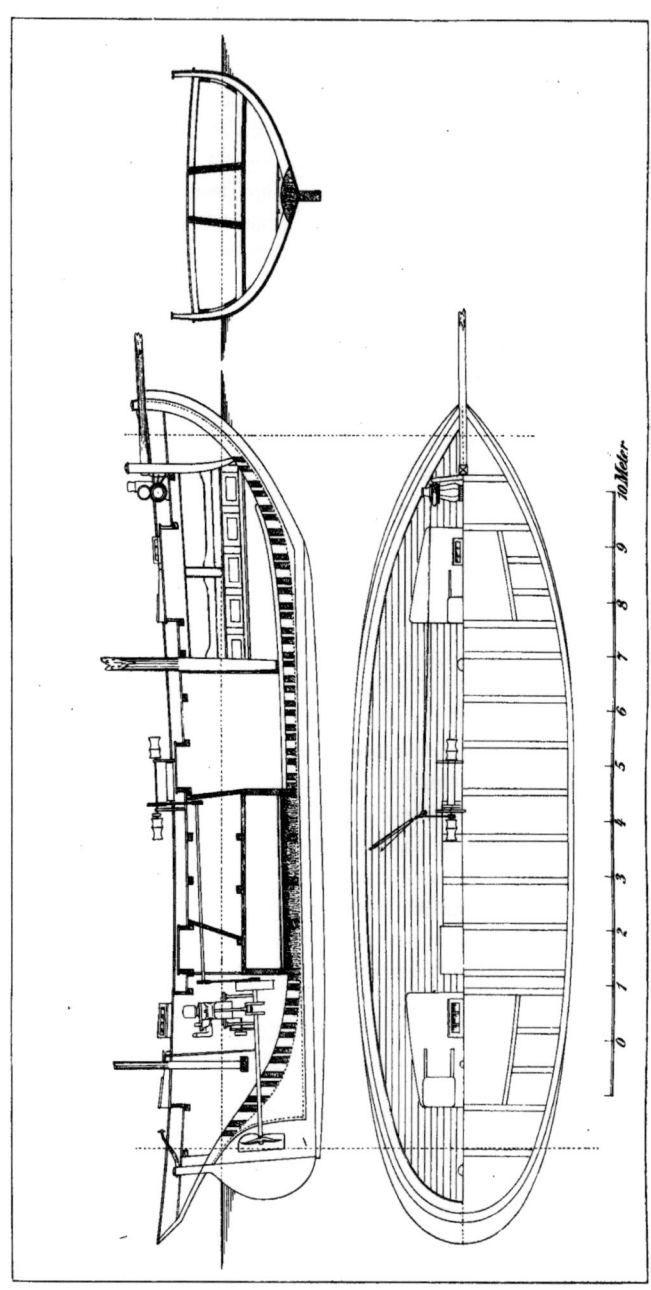

Fig. 8.
Kutter „Memel" und „Köslin", Längenschnitt.

Vereins. Der andere Kutter namens „Köslin" fischte von Kolberg aus für Rechnung des Führers, mit Unterstützung des Deutschen Seefischerei-Vereins. Nachdem der Führer des Kutters „Memel" noch ein

Fig. 9.
Kutter „Memel" und „Köslin", im Hafen von Frederickshavn mit Motorbeiboot liegend.

zweites Jahr die Fischerei für seine eigene Rechnung fortgesetzt hatte, erwarb er das Fahrzeug von dem Deutschen Seefischerei-Verein als Eigentum. Der Kutter „Köslin" ging im April 1905 an einen anderen Führer über, wurde im Mai 1905 nach Pillau übergeführt, von wo aus er bis zum Herbst desselben Jahres fischte, den Winter über lag er in Pillau untätig und wurde im Frühjahr 1906 an die drei Fischer Gebrüder Lorenz und Gwildis in Süderspitze bei Memel verkauft. Bei dem Bau dieser Kutter wurden die Erfahrungen, welche der Deutsche Seefischerei-Verein über Motore inzwischen gesammelt hatte, verwertet. Beide erhielten einen einzylindrigen sechspferdigen Petroleummotor des Typus „Alpha" der dänischen Aktiengesellschaft „Frederickshavns Eisengießerei und Maschinenfabrik (Gebrüder Houmöller), der nicht nur sehr stark gebaut ist, sondern auch, was ganz

Fig. 10.
Motorkutter „Ostsee" ohne Besegelung auf der Helling.

besonders wichtig ist, ohne offene Flamme betrieben wird*). Die Kutter sind mit Großmast und Besansmast getakelt und mit Snurrwade und Scheerbrettnetz ausgerüstet. Das letztere war zwar bisher schon in der Ostsee bei den Stralsunder Fischern im Gebrauch gewesen, aber nicht in derselben Größe, sondern bedeutend kleiner, in Ostpreußen war diese Art Netze bis dahin unbekannt. Jeder Motorkutter führte ein Motorbeiboot mit einem einzylindrigen Petroleummotor von $1^1/_2$ Pferdekräften. In Vertretung des Oberfischmeisters Heidrich, der im Auftrage der Königlichen Regierung mit Vorbereitungen für die Weltausstellung in St. Louis beschäftigt war, übernahm ich die Aufsicht des Motorkutters „Memel", begleitete den-

---

*) Zeichnung und Beschreibung dieses Motors finden sich in dem im Vorwort erwähnten Werke von Dittmer und Buhl.

selben auf einigen Fangreisen, ferner brachte ich im Auftrage des Deutschen Seefischerei-Vereins den Kutter „Köslin" nach Memel und blieb auch nach Versetzung des Oberfischmeisters Heidrich nach Swinemünde und nach Ver-

Fig. 11.
Die Werft von H. E. Buhl in Frederickshavn mit aufgeschleppten Kuttern.

legung des Oberfischmeisteramtes von Memel nach Labiau mit der besonderen Ueberwachung der beiden Motorkutter betraut, hatte auch sonst wiederholt Gelegenheit, den Einbau von Alphamotoren in schon vorhandene kleinere Kutter zu veranlassen und zu leiten. So erhielt der 14 Tons große Kutter

„Anna" von Pillau einen zweizylindrigen Alphamotor von 8 H.P., ein etwa 10 Tons großer, nach schwedischem System gebauter Kutter „Grete", dargestellt in Figur 7, in Memel einen einzylindrigen Alphamotor von 4 H.P. mit verstellbarer Schraube, ein zweiter Memeler Kutter von etwa 14 Tons namens „Ostsee", dargestellt in Figur 10, einen zweizylindrigen Spiritusmotor von 8 H.P. Ein zweizylindriger Alphamotor von 4 H.P. für einen dritten Memeler Kutter ist augenblicklich noch im Bau.

Seitens des Deutschen Seefischerei-Vereins ist die Aufforderung an mich ergangen, über die bisherigen Ergebnisse der beiden Kutter „Memel" und „Köslin" eingehend zu berichten, und ich will mich im Folgenden nach meinen schwachen Kräften bemühen, dieser Aufgabe gerecht zu werden.

Erstes Kapitel.
Von der Seetüchtigkeit und Segelfähigkeit der Kutter.

Seine Seetüchtigkeit zu beweisen, hat der Kutter „Memel" wiederholt Gelegenheit gehabt. Schon bei seiner Ueberführung nach Memel durch den Königlichen Oberfischmeister Heidrich mußte der Kutter einen schweren auflandigen Sturm überstehen, gerade an einer sehr gefährlichen Stelle bei der Kurischen Nehrung. Oberfischmeister H. schreibt davon: „Wir segelten (von Kolberg am 3. Oktober 1903) mit zunehmendem Wind und Seegang weiter. Ein Einlaufen in Memel war bei dem Wetter ausgeschlossen, ich ging sonach hinter Hela, um etwas ruhigere See abzuwarten. Wir langten daselbst Sonntag, den 4. Oktober, früh gegen 8 Uhr an und blieben bis Montag, den 5. Oktober, nachmittags 2 Uhr liegen. Dann hatte sich die Rollung und der Wind soweit beruhigt, daß wir glaubten, nach Memel kommen zu können; aber bereits um 7 Uhr abends wurde die Luft wieder drohend, und der Wind und Seegang nahmen schnell zu. Wir hatten in einer helleren Pause noch um 11 Uhr abends Brüsterort in Süd gepeilt und gingen nun mit Dampf und Segel auf Memel zu, um, wenn irgend möglich, bei Tagesanbruch noch einzupassieren. Kurz nach 1 Uhr, den 6. Oktober früh, als wir meiner Rechnung nach etwa 25 Seemeilen WSW. von Nidden standen, verstopfte sich das Oelgefäß an der Kurbelwelle und letztere lief warm, so daß die Maschine stehen blieb und wir nun ganz auf die Segel angewiesen waren. Es blieb uns nichts weiter übrig, da auch der Seegang immer stärker wurde, als beizudrehen und das Unwetter auf hoher See abzuwarten. Da wir uns von der Küste freihalten mußten, so konnten wir den Treibanker nicht benutzen, sondern trieben mit 2 Reffen im Großsegel und einen solchen in der Stagfock etwa

NNW. anliegend 6 Strich ab, d. h. etwa NO. hin. Vormittags den 7. Oktober artete der Wind zum schweren Sturm aus mit heftigen Böen. Wir hatten von 11 bis 4 Uhr nachmittags eine ganz außerordentlich hohe See, die mir manchmal für das Beiboot an Deck Befürchtungen einflößte. Aber selbst bei den höchsten wie Berge anrollenden und köpfenden Seen blieb „Memel" oben wie eine Möwe, kaum daß hier und da ein kräftiger Spritzer überkam. Es wurde bei all dem Wetter nichts beschädigt und nichts von Deck geschlagen, so daß wir alle die Ueberzeugung gewonnen haben, daß der Kutter die harte Probe auf seine Seetüchtigkeit vorzüglich bestanden hat."

Seine zweite Sturmprobe legte der Kutter ab auf einer Fahrt von Memel nach Pillau, wohin er unter meiner Führung am 25. Juli 1904 segelte, um sich nach Verlust seines Beibootes das ihm bewilligte neue Boot abzuholen. Wir gingen mit vollen Segeln und ganzer Motorkraft bei schönem Wetter und nordwestlichem Winde 4 Uhr nachmittags in See. Kaum hatten wir die Ansegelungstonne passiert, als der Wind mit einer Stärke von etwa 6 aus Westen kam und eine ziemlich hohe See mit sich brachte. Wir steuerten südwärts beim Winde haltend mit einem Kurs SW. z. S. auch SSW. anliegend. Der Kutter stampfte furchtbar gegen die ziemlich schwer anrollende See und nahm dabei vorn recht viel Wasser über. Da ich keine Lust hatte umzukehren und ein Bergen der Segel auch nicht für nötig hielt, so mußten wir, die beiden schweren auf dem Bug liegenden Anker nach hinten bringen. Infolgedessen hörte das schwere Stampfen auf, und der Kutter setzte ohne jede Abdrift seine Fahrt, nach Süd den Kurs verfolgend, fort. Am 26. Juli mittags liefen wir in Pillau ein. Ich habe daraus nach meiner langjährigen seemännischen Erfahrung auch die Ueberzeugung gewonnen, daß der Kutter „Memel" ein durchaus seetüchtiges Fahrzeug ist, welches auch schwererem Wetter in jeder Hinsicht standzuhalten vermag, soweit seine Segelfähigkeit in Frage kommt, besonders seitdem durch Verminderung des Ballastes im Vorschiff und durch Ersatz der früheren zu schweren Anker durch neue um je 1 Zentner leichtere, auch die Neigung zum starken Einsetzen beseitigt ist.

Einen weiteren Beweis für die Seetüchtigkeit des Kutters „Memel" sah ich anfangs Oktober 1904, als derselbe bei sehr stürmischem Wetter den Memeler Hafen aufsuchte. Oberfischmeister Heidrich hat über diesen Vorgang seinerzeit berichtet wie folgt: „Der Wind war SW. und sehr stürmisch, als der Kutter von SW. her mit Stagfock und vollem Großsegel, den Hals aufgegeit mitten durch die Brandung hindurch um die Südermole herum einlief. Nowatz*) war in der Gegend von Schwarzort

---

*) Der Führer des Kutters.

gewesen, hatte zunächst noch beigedreht, aber schließlich im Vertrauen auf die vorzüglichen Eigenschaften des Fahrzeuges doch den Hafen aufgesucht. Mit voller Maschinenkraft und den vorgenannten Segeln ging es auf den Hafen zu. Nowatz hatte sich am Ruder festgebunden. Es sah angsterregend aus, wie das kleine Fahrzeug zwischen den Seen in rasender Eile daher kam. Dabei hat dasselbe außer ein paar gewöhnlichen Spritzern nicht einen Tropfen Wasser an Deck bekommen und auch nicht einmal Miene gemacht, aus dem Ruder laufen zu wollen, sondern seinen Kurs schnurgerade durchgesetzt."

Hinzufügen möchte ich dem Bericht nur noch, daß mir dieser Vorgang um so mehr für die Seetüchtigkeit des Kutters „Memel" zu sprechen scheint, als das Halsaufgeien für ein ziemlich gefährliches Manöver gehalten werden muß, das man bei solchem Wetter nur bei wirklich seetüchtigen Fahrzeugen anwenden darf. Auch bei meiner Teilnahme an Fischereireisen des Kutters habe ich nichts wahrnehmen können, was ein ungünstiges Licht auf die Seetüchtigkeit des Kutters werfen konnte.

Für die Festigkeit des Kutters brachte das Jahr 1905 einen besonders augenfälligen Beweis. Der Kutter geriet nämlich am 22. Juni auf Strand, worüber der Führer Nowatz folgendermaßen aussagte:

„Da der Wind günstig und die Snurrwadefischerei nicht lohnend war, setzen wir eine Seemeile vom Strand entfernt auf 16 m Wassertiefe das Scheerbrettnetz zum Fischen aus und wollten bis in die Nähe von Schwarzort treiben, um dort den Snurrwadenbetrieb wieder aufzunehmen. Der frischwehende SW.-Wind, der mittlerweile flauer geworden war, veranlaßte uns, den Motor mit halber Kraft angehen zu lassen. Nachdem der Kutter 2 Stunden getrieben hatte und für denselben keine weitere Gefahr vorlag, begab ich mich, nachdem ich dem Bestmann genügende Instruktion erteilt hatte, mit der andern Besatzung zur Ruhe. Als ich dann nach etwa einer Stunde verspürte, daß der Kutter schwer überholte, sprang ich schnell an Deck. Die Vorsegel wurden eingezogen und das Netz eingewindet. Während dieser Zeit hatte der bis dahin leichte Westwind heftig mit zunehmender See eingesetzt und bezwang den Motor, der mit voller Kraft vorwärts arbeitete. Der Motor konnte den Kutter gegen See und Wind nicht fortbewegen, welches ich, da ich das Lot geworfen hatte, sofort an der Leine merkte. Zum Segelsetzen blieb uns keine Zeit mehr, daher ließen wir schnell beide Anker fallen, um zu verhindern, daß wir auf den Strand trieben. Die Anker hielten aber anfangs nicht, und schon stieß der Kutter mit den Hintersteven auf die dort befindliche Bank auf. Wir merkten sofort, daß hinter der Bank stilles Wasser war und gaben daher mehr Kette. Infolgedessen wurde der Kutter durch die auflaufende See über die Bank geschoben und lag nun in ziemlich ruhigem Wasser. Am nächsten Morgen wurde, da die See etwas abgefallen war, ein Warganker ausgebracht und der Versuch gemacht, den Kutter in tiefes Wasser zu bringen. Der Versuch mißlang und mußten wir nun auf Hilfe von Memel her warten. Am Morgen des 23. Juni wurde die Rettungsstation Nidden auf den gestrandeten Kutter aufmerksam. Der dortige Strandvoigt Zander sandte telegraphische Nachricht nach Memel, worauf Fischmeister Siebolds mit Zustimmung des Königlichen Oberfischmeister Pehl sofort den Dampfer „Roland" und ein großes Boot mit 5 Mann Besatzung charterte und nach der Unfallstelle in See ging. Er fand die Lage des Kutters unverändert und ließ sich sogleich durch das Boot an Bord bringen. Da die See noch immer recht hoch ging, so stieß der Kutter fortwährend mit dem Vorende so hart auf den Grund, daß wir alle befürchteten, der Kiel würde zerschlagen werden oder der Kutter leckspringen. Nach fast zweistündigen vergeblichen Versuchen, den Kutter durch den Dampfer über die Bank ziehen zu lassen, ging der Wind plötzlich nach Norden herum. Ich befahl sofort, alle Segel zu setzen und die Anker zu schlippen und brachte nun den Kutter durch die Kombination seiner eigenen Segelkraft und der Zugkraft des Dampfers „Roland" seitlings über die Bank. Nachdem wir den Kutter nach Memel getaut und aufgeschleppt hatten, zeigte es sich zu unserm Erstaunen, daß nur einige Laschen des Bodens gesprungen waren, im übrigen war der Rumpf des Kutters trotz der furchtbaren, stundenlang andauernden Stöße unbeschädigt."

Nach den vorstehenden ausführlich geschilderten Proben, denen die Seetüchtigkeit des Kutters „Memel" unterworfen gewesen ist, darf ich mit vollem Rechte sagen, daß dieser Kutter bei schwerem Wetter, was Rumpf und Takelage anbetrifft, allen an ein solches Fischerei-Fahrzeug zu stellenden Ansprüchen genügt. Ueber die Zweckmäßigkeit der Takelage war anfangs Oberfischmeister Heidrich ebenso wie ich anderer Meinung. Die Segelfähigkeit des Kutters „Memel" schien uns eine zu geringe im Vergleich zu den bisherigen Segellachskuttern, die bei mäßigem Winde ihn stets überholten. Es wurden im Jahre 1904 auch Verhandlungen mit dem Erbauer des Kutters, dem Schiffsbaumeister H. W. Buhl zu Frederickshavn, geführt über Vergrößerung der Gesamtsegelfläche von 118 auf 172 qm durch Erhöhung des Großmastes um 2 m. Auf seinen Rat wurde die Veränderung unterlassen, und habe ich mich mehr und mehr davon überzeugt, daß sein Rat richtig war, da diese Takelage mit niedrigen Masten und hohen Stängen sich bei schweren Winden ganz vorzüglich bewährt hat, auch für den Betrieb der Lachsangelfischerei die einzig richtige ist, worauf ich am gegebenen Orte noch zurückkommen werde. Bei schwereren Winden sind die Kutter „Memel" und „Köslin" den Lachskuttern der Ostsee in jeder Hinsicht, auch in der Segelfähigkeit, bei weitem überlegen. Daß sie infolge ihrer starken Bauart und ihrer geeigneten Takelage mit Hilfe des Motors auch bei schweren auflandigen Stürmen immer imstande sein werden, See zu halten und sich vom Lande freizukreuzen, ist ebenfalls nicht zu bezweifeln. Wie wichtig allerdings in dieser Hinsicht die Hilfe des Motors ist, geht aus der großen Abdrift von 6 Strich bei der Ueberführung nach Memel hervor, bei welcher der Motor versagte.

Als Abschluß mache ich folgende Angaben über die Geschwindigkeit der beiden Kutter bei verschiedenen Verhältnissen von Wind, Wetter und Seegang:

Die Kutter machen beim Winde unter günstigen Verhältnissen mit Segel allein 4,5 sm, mit Segel und Motor 5–6 sm; beim Winde und ungünstigen Verhältnissen mit Segel und Motor 4,5 sm, wie die Fahrt nach Pillau deutlich ergab, bei der wir um 4 Uhr nachmittags die Ansegelungstonne bei Memel passierten und am anderen Morgen 4 Uhr Neu-Kuhren in einem Abstande von 3 sm O.S.O. peilten, also in 12 Stunden 54 sm Fahrt gemacht hatten. Mit achterlichem Winde mit Segel 7 sm und darüber. In diesem Falle ist ein Motor von nur 6 P.S. von keinem Nutzen mehr.

Zweites Kapitel.

Die Notwendigkeit der Bün und die Frage, ob es praktisch ist, sie zu schließen.

Die beiden Motorkutter haben eine auf dänische Art eingerichtete, der Größe der Fahrzeuge entsprechende Bün, deren innere Einrichtung von den Mängeln der in der Nordsee gewöhnlichen deutschen Bün frei ist und daher einer Verbesserung nicht bedarf. Da die Bün naturgemäß die Segelfähigkeit eines Fahrzeuges vermindert, wenn sie auch seine Stabilität erhöht, so ist man wohl im Interesse der Geschwindigkeit auf den Gedanken gekommen, gegebenenfalls Fahrzeuge ohne Bün zu bauen. Aber die daraus entstehenden Nachteile für Motorkutter, die doch dazu bestimmt sind, nicht nur in der Nähe ihres Wohnortes oder ihrer Absatzplätze zu fischen, müssen als so groß angesehen werden, daß ich nur von einem solchen Versuche abraten kann. Für die Fischerei auf Plattfische, in der Zeit von Juni bis September einschließlich, ist die Bün einem Motorkutter von der Größe des „Memel" und „Köslin" unbedingt notwendig, da er ohne dieselbe garnicht in der Lage wäre, seinen Fang frisch auf den Markt zu bringen. Für kleine Boote, die sich schnell vollfischen, liegt die Sache ja ganz anders, aber die Kutter „Memel" und „Köslin" müßten selbst die Vermehrung des Tiefganges und die Verminderung ihrer Geschwindigkeit in den Kauf nehmen, wenn sie anders die Bün in der Größe wie ihre jetzige nicht behalten könnten. Die Bün zu opfern, ist aber auch gar nicht notwendig. Schon nach dem ersten Sommer machte ich in Vertretung des Oberfischmeisters dem Deutschen Seefischerei-Verein den Vorschlag, nach Beendigung der Flunderfischerei für die

Wintermonate die nun unnötige Bün vollständig zu dichten, damit das Innere derselben ordentlich austrocknen könne und zugleich der Tiefgang des Kutters sich verringere. Ich hatte im vorhergehenden Winter bei dem an unserer Küste häufigen starken Frost und bei hochgehender See immer wieder sehen müssen, daß der Kutter nicht nur durch die volle Bün selbst unnützerweise tiefer im Wasser gehalten wurde, als wünschenswert war, sondern daß auch noch obendrein die schnelle Vereisung der sehr zahlreich überkommenden Spritzer den ganzen Kutter mit einer Eisdecke bis zu 6 cm Dicke überzog und vorn vom Bugsprit bis zum Wasserspiegel eine feste Eismauer bildete und so den Tiefgang des Kutters noch bedeutend vermehrte und seine Seefähigkeit wesentlich beeinträchtigte. Mein Vorschlag stieß anfangs auf Widerstand, wurde dann aber schließlich Ende Oktober angenommen, als Oberfischmeister Heidrich für denselben eintrat. Durch Einschlagen gedrehter Holzpfropfen wurden die Bünlöcher dicht gemacht, auch wurde der Kopf des Kutters erleichtert, dadurch, daß man den Ballast aus dem Logis in die Bün brachte. Es zeigten sich sogleich die bedeutenden Vorteile. Der Kutter drehte bedeutend besser durch den Wind, wenn ohne Maschine gesegelt wurde. Die Stampfbewegungen wurden bedeutend ermäßigt, so daß der Kutter erheblich weniger Wasser übernahm als früher und leichter über die See ging. Der Tiefgang war um 24 cm geringer geworden und segelte der Kutter auch schneller. Um die Stabilität des Kutters selbst für schweres Wetter außer Frage zu stellen, bedurfte es nur einer Vermehrung des Ballastes um 50 Zentner, auf die man sogar während der Zeit der Lachsangelfischerei verzichten konnte, weil die im Bündeck gelagerten Reserveangelsteine, etwa 100 an der Zahl, die Stelle des Ballastes vertraten. Als dann im nächsten Frühling die Bünlöcher wieder geöffnet werden sollten, stellte es sich heraus, daß dazu der Kutter aufgeschleppt werden mußte, und daß ein jährliches wiederholtes Abdichten der Bünlöcher durch Holzpfropfen auf die Dauer für die Haltbarkeit der Fahrzeuge nicht vorteilhaft sein konnte. Infolgedessen ist der Kutter in den folgenden Wintern mit offener Bün gesegelt. Da ich von der Notwendigkeit der Bün für die beiden Kutter „Memel" und „Köslin" fest überzeugt bin, aber auch auf die aus der zeitweiligen Schließung der Bün sich ergebenden Vorteile nicht verzichten mochte, so habe ich mich immer wieder mit der Frage nach einer leichter zu bewerkstelligenden Schließung und Oeffnung der Bün beschäftigt und bin zu folgendem Resultat gelangt. An Stelle der zahlreichen kleinen Bünlöcher genügen auf jeder Seite des Kutterbodens 3 etwas größere, etwa mit einem Durchmesser von 6 cm. Diese 6 Bodenlöcher müßten durch Ventile verschließbar sein, die vom Bündeck aus in Bewegung zu setzen sind. Um die Bün leer zu pumpen, bedürfte es einer Zentrifugalpumpe, die etwa 200 bis 250 Liter Wasser in der Stunde fördert. Dadurch würde nicht nur die leichte

Schließung und Oeffnung der Bün ermöglicht, sondern diese Einrichtung würde noch folgende große Vorteile mit sich bringen, durch die sich die Kosten der Anlagen und des Betriebes bald bezahlt machen würden. Erstens würde die Zentrifugalpumpe jederzeit die Zirkulation und die Erneuerung des Bünwassers bewirken können, an der es jetzt, wenn der Kutter während des Fanges still liegt oder in langsamer Fahrt sich befindet, fast völlig fehlt. Es würden nicht so viele Fische in dem Bünwasser absterben und unansehnlich und damit unverkäuflich werden, wie das jetzt der Fall ist. Der Kutter wäre in der Lage, ehe er mit seinem Fange in den Hafen einläuft, entweder die Bün zu schließen und leer zu pumpen oder das darin befindliche Seewasser durch Schließung der Bünlöcher in der Bün festzuhalten. In beiden Fällen wird das massenhafte Absterben der Plattfische in dem eindringenden Süßwasser des Haffes vermieden und der Wert des Fanges wiederum bedeutend vermehrt. Bei leergepumpter Bün würde das Herausschöpfen des Fanges nicht so ungeheuer schwer als jetzt, und außerdem bis auf den letzten Fisch möglich sein, während jetzt nach Aussage der Kutterführer und meiner eigenen Erfahrung ein nicht unbedeutender Teil des Fanges in der Bün zurückbleibt. Da diese Fische abgestorben sind, wird das Bünwasser noch mehr verschlechtert und dadurch der Grund zu schnellem Absterben der neugefangenen Fische gelegt. Ferner würde das teure Aufschleppen der Kutter zum Zweck der jährlichen Bodenreinigung unnötig werden, da bei geschlossener leerer Bün das Kielholen an Stelle des Aufschleppens für diese Arbeit genügen würde. Das Kielholen würde mit leichter Mühe von den Fischern selbst bewerkstelligt werden können, so daß also eine große Ersparnis alljährlich sicher wäre. Endlich würde eine öftere, sehr notwendige Reinigung der Bün und der Bünlöcher auf leichte Weise möglich sein, während jetzt die kleinen Bünlöcher oft durch Seeschnecken, die sich an den Boden des Kutters ansetzen, verstopft werden und so die ohnehin mangelhafte Zirkulation des Wassers noch mehr erschwert wird. Leider sind die Besitzer der Kutter, welche von den Vorteilen der oben geschilderten Einrichtung ebenso wie ich fest überzeugt sind, nicht in der Lage, jetzt schon die dazu erforderlichen Mittel aufzuwenden, so daß die praktische Erprobung der Einrichtung der Zukunft überlassen bleiben muß.

Drittes Kapitel.
Von der Brauchbarkeit und Stärke des Motors.

Der Motor des Kutters „Memel" ebenso wie des „Köslin" ist ein einzylindriger Petroleummotor „Alpha" von 6 eff. P.S. von der „Aktiengesellschaft Frederikshavns Eisengießerei und Maschinenfabrik", deren Alphamotore vielfach erprobt und allerseits sehr brauchbar befunden worden sind. Nach mehrjährigen Beobachtungen kann ich nur voll und ganz die Vorzüge dieser Motore bestätigen. Sie haben einen sehr regelmäßigen Gang, sind stark gebaut und daher widerstandsfähig und selbst von groben Händen nicht leicht zu beschädigen. Bei ihrer einfachen Konstruktion erfordern sie wenig Reparaturen und sind leicht zu bedienen. Alles das sind Vorzüge, die bei der Unerfahrenheit und Ungeschicktheit unserer Fischer in derartigen Sachen von sehr hohem Werte sind. Das einzige, was an dem Gange der Motore auszusetzen ist, liegt in der Konstruktion aller einzylindrigen Motore begründet. Es ist die starke Erschütterung, die sie nicht nur selbst beim Betriebe auszuhalten haben, sondern die sie auch dem Fahrzeuge mitteilen. Diese ist so groß, daß sich der Motor des Kutters „Memel" einmal schon in seinen Lagern gelockert hatte, und daß in den Kojen des Kutters kaum Ruhe und Schlaf zu finden ist. Am stärksten ist die Erschütterung in den Motorbeibooten der Kutter, die mit $1\frac{1}{2}$ pferdigem, natürlich auch einzylindrigem, Alphamotor ausgerüstet sind. Es muß daher bei Erbauung neuer Fischkutter die Ausrüstung derselben mit zweizylindrigen Alphamotoren, bei denen der eine Zylinder abgestellt werden kann, dringend angeraten werden. Die zweizylindrigen gehen, wie ich bei anderen Kuttern beobachtet habe, fast ohne Erschütterung des Fahrzeuges. Hervorzuheben ist an den Motoren unserer beiden Fischkutter noch ihr geringer Petroleumverbrauch und ihre geringe Feuergefährlichkeit, die durch Austapezieren des Maschinenraumes mit Asbest und Eisenblech noch beträchtlich vermindert wird. Die Schraube ist zweiflügelig, das Stevenrohr von Metall, die Achse aus Stahl, alles stark und durchaus haltbar. Die Umsteuerung der Schraubenwelle wird durch ein Wendegetriebe bewirkt und kann von dem Rudergast ohne Schwierigkeit bedient werden. Diese Umsteuerung funktioniert vortrefflich und hat sich die ganze Zeit von drei Jahren hindurch als völlig sicher arbeitend bewährt. Die Umsteuerung der Schraube bei kleinen Alphamotoren unter 6 P.S. durch verstellbare Flügel arbeitet, wie ich an dem früher genannten Kutter „Grete" und den Motorbeibooten des „Memel" und „Köslin" gesehen habe, auch ebenso sicher und tadellos. Während die Brauchbarkeit des Motors an sich also fast durchweg anerkannt werden muß, ist die Stärke des 6 pferdigen Motors für die Kutter „Memel" und „Köslin" ganz und gar ungenügend. Schon vor dem Bau der Kutter wollte mir das Verhältnis eines Motors von 6 P.S. zu der Größe der Kutter und den an ihre Arbeitskraft zu stellenden Anforderungen nicht richtig scheinen. Ich habe seiner Zeit auch meine Bedenken geäußert. Da ich dieselben aber durch keine eigene Erfahrungen zu stützen vermochte, so konnten sie naturgemäß nicht ins Gewicht fallen. Aber schon das erste Jahr des Kutters „Memel" brachte den völligen Beweis für die Richtigkeit meiner Mutmaßungen. Seither habe ich weitere Gelegenheit gehabt, Beweise für die Unzulänglichkeit des Motors zu sammeln. Zuerst fiel dieselbe durch die starke Abnahme der Fahrgeschwindigkeit auch bei geringerem Seegange auf; dann zeigte es sich, daß der Kutter „Memel" besonders im Frühling bei der Abwässerung, wenn er vollbeladen den Hafen aufsuchte, mit der Kraft seines Motors nicht einmal die auslaufende Strömung des Kurischen Haffs überwinden konnte, sondern das Beiboot zu Hilfe nehmen mußte oder auch von dem Lotsendampfer eingebracht wurde. Am größten aber war der Schaden, der aus der Unzulänglichkeit des Motors entstand, bei der Fischerei. Bei der Lachsangelfischerei war es oft unmöglich, die Angeln vom Kutter aus zu beködern, weil derselbe mit dem Motor allein auch gegen mäßigen Wind und Seegang nicht vorwärts kam. Man mußte das Beiboot dazu benutzen, das wieder seiner Kleinheit wegen, sobald der Wind auch nur etwas stärker wurde, eingesetzt werden mußte. Während die kleineren Motorkutter, wie die „Ostsee" *) mit ihrem 8pferdigen Motor, auch bei ungünstigem Wetter die Beköderung der Angeln noch lange fortsetzten, mußte der „Memel" seine Tätigkeit einstellen, weil ein Beködern weder vom Kutter aus, noch mit dem Beiboot möglich war. Das verminderte natürlich den Ertrag der Lachsangelfischerei bedeutend. Ein anderer Schaden stellte sich bei der Dorschangelfischerei heraus. Während die „Ostsee", wenn sie nach den Fangstellen fuhr, mehrere Fischerboote in Schlepptau nahm, die ihr dafür von ihrem Fange den vierten Teil abgaben, und trotz dieser Mehrbelastung ihren geraden Kurs unbehindert fortsetzen konnte, mußte der Kutter „Memel", der fast zweimal so groß, 2 P.S. weniger hat, durch Kreuzen sein Ziel zu erreichen suchen, wodurch er natürlich viel Zeit verlor. Ja, einmal war er sogar gezwungen, mit den geschleppten Booten Libau als Nothafen anzulaufen, wobei noch eirs der Boote verloren ging, weil der schwache Motor mit seiner unverhältnismäßigen Last nicht gegen den stark wehenden Süd aufkommen konnte. Endlich verlor bei der Flunderfischerei der Kutter „Köslin" 40 Flundernetze, weil seine Motorkraft unzulänglich war. Er hatte die Netze ausgesetzt und fischte dann an andrer Stelle mit der Snurrwade. Als das Wetter ungünstiger wurde, ging er zu seinen Flundernetzen zurück und wollte dieselben einziehen. Kaum hatte er das erste zur Hälfte drinnen, als das Netz mittendurch riß und der Kutter, trotzdem er seinen Motor mit voller Kraft arbeiten ließ, abgetrieben wurde. Er vermochte auch trotz aller Mühe nicht mehr zu den Netzen heranzukommen und mußte ohne dieselben zurückkehren. Der Verlust der Netze kostete den Besitzern

---

*) Einige Angaben über den auf Seite 10 abgebildeten Motorkutter „Ostsee" enthält der „Deutsche Seefischerei-Almanach für 1907" auf Seite 210.

des Kutters 600 M. Mit einem stärkeren Motor ausgerüstet, hätte der „Köslin" die Netze sicher gerettet. Die ungenügende Größe des Motors hindert auch die Kutter, weiter entfernt liegende Fanggründe aufzusuchen, weil die Fahrt dahin viel zu lange dauern würde. Daher sind die Fangergebnisse kleinerer Kutter mit stärkeren Motoren viel bessere. So hat der Kutter „Anna" in Pillau, der einen 8 pferdigen zweizylindrigen Alphamotor bei 14 Tons besitzt und nur im Sommer auf Flundern fischte, für 8000 M. Flundern in einem Jahre gefangen, und dabei sind die Preise in Pillau schlechter als in Memel. Unsere beiden Kutter können mithin das Uebergewicht, das sie sonst durch ihre Größe und den Besitz einer Bün über alle anderen Kutter haben könnten, nicht ausnutzen. Nach alledem muß für Kutter von der Größe eines „Memel" oder „Köslin" ein zweizylindriger Motor von 16 P.S. für notwendig angesehen werden. Die etwa 2500 M. betragenden Mehrkosten können bei den Gesamtkosten eines solchen Kutters von 15000 M. kaum von großer Bedeutung sein und würden sich im ersten Jahre wieder einbringen, auch könnten sonst in mancher Hinsicht Ersparnisse beim Bau, besonders in der inneren Ausstattung und der Netzausrüstung gemacht werden, die jene Mehrkosten, wenigstens teilweise, aufwägen. Würde man, statt einen größeren Motor zu nehmen, lieber einen kleineren Kutter bauen, so wäre das meines Erachtens für den östlichen Teil der Ostsee ein Fehler, da ein kleinerer Kutter hier zur Fischerei in weiterer Entfernung von der Küste, während eines großen Teils des Jahres, nicht zu brauchen wäre. Ein Vergleich des Alphamotors mit dem von dem Kutter „Ostsee" geführten Spiritusmotor muß zu Gunsten des ersteren ausfallen. Die grosse Feuergefährlichkeit der Spiritusmotore allein würde dazu schon genügen. Es kommt aber noch dazu ihre feine, schwer zu bedienende und leicht verletzte Konstruktion. Die Reparaturen nehmen da kein Ende, und die Haltbarkeitsdauer des ganzen Motors wird dadurch verkürzt. Es bedarf zu vieler Kenntnisse und zu großer Geschicklichkeit für den Spiritusmotor, als daß derselbe bei den Fischern den Petroleummotor ersetzen könnte.

Bei den Schwierigkeiten, welche es bereitet, das richtige Verhältnis zwischen Kuttergröße, Takelage und Motor zu finden, könnte man auch die Frage aufwerfen, ob es nicht ratsamer wäre, Motorkutter zu bauen, bei denen der Motor die Hauptarbeit leistet, die Takelage nur Nebensache wäre. Meiner Meinung nach könnte sich ein solches Fahrzeug nie rentieren, man muß aber zugeben, daß die bisherigen Versuche und Erfahrungen mit Motorfahrzeugen zum Fischereibetrieb nicht genügend sind, um diese Frage wirklich mit voller Sicherheit entscheiden zu können.

Viertes Kapitel.
Von den Reparaturen und Betriebskosten des Motors.

Die jährlichen wiederkehrenden Reparaturen sind, wie schon gesagt, sehr gering an Zahl, Umfang und Kosten, vorausgesetzt, daß der Motor vorschriftsmäßig behandelt wird und einwandsfreies Schmier- und Heizmaterial zur Verwendung kommt. Die Hauptausgabe für Motorreparaturen besteht darin, daß jährlich 1 bis 2 Vergaser verbraucht werden. Sie kosten 23 Mark das Stück, wovon jedoch noch etwas für das alte Gußeisen des verbrauchten Vergasers abgerechnet werden kann. Sonst handelt es sich nur um Ersatz kleiner Teile, wie Federn, Kolbenringe, Bolzen u. a. m. Die jährlichen Reparaturkosten betragen daher nicht mehr als 100 Mark, dabei sind natürlich Reparaturen, die durch Mangel an Erfahrung oder Unüberlegung der Fischer entstehen, nicht veranschlagt. Beispielsweise ereignete sich schon im Winter 1903 folgendes: Der Kutter „Memel" kam am Weihnachtsabend vom Fange zurück und blieb am ersten Feiertage in Memel liegen, um am Morgen des zweiten erst wieder auszulaufen. Bis dahin war der Motor ununterbrochen im Betrieb gewesen, auch hatte strenge Kälte nicht geherrscht. Letztere trat nunmehr ein. Der Däne Allermann, der damals zum Anlernen der ostpreußischen Besatzung vom Deutschen Seefischerei-Verein angenommen war, versäumte, mit unserem Klima nicht vertraut, das Ablassen des Kühlwassers. Dieses gefror zwischen der Zylinderwandung und dem Mantel und sprengte den letzteren. Allermann konnte zu seiner Entschuldigung anführen, daß man in Dänemark die Pumpe bei so kurzer Unterbrechung nicht abstellte, weil dort so plötzlicher starker Frost selten sei; wohl mit vollem Recht. Die Reparatur des Zylindermantels erwies sich auf die Dauer als unzureichend, es mußte ein neuer Zylinder beschafft werden. Die Gesamtkosten dieses Unfalls beliefen sich auf über 300 Mark. Auch durch Verwendung schlechten Schmieröls oder russischen Petroleums als Heizmaterial werden die Reparaturkosten des Motors natürlich bedeutend gesteigert, ja der Motor kann dadurch betriebsunfähig gemacht werden, so daß die Instandsetzung große Unkosten macht. So war es mit dem Kutter „Köslin" in Pillau gegangen. Als ich den Kutter im Auftrage des Deutschen Seefischerei-Vereins im April 1906 in Pillau in Empfang nahm, war es nicht möglich, den Motor in Gang zu bringen. Wir mußten nach Memel mit Segel allein gehen. Ein dorthin gerufener Monteur der Lieferanten erklärte, daß der Motor durch schlechtes Oel und Petroleum verschmutzt worden und bei dem dadurch bedingten öfteren Warmlaufen mit Wasser übergossen worden sei, daher einige kleinere Teile durch Rost angegriffen worden seien. Außerdem fehlten in den Kammrädern der Umsteuerung einige Zähne. Die Reinigung und Reparatur machte nicht große Kosten und arbeitet seitdem der Motor tadellos. Je besser daher unsere Fischer den Petroleummotor behandeln lernen, und je weniger sie die Ausgaben für gutes Oel und Petroleum scheuen, um so geringer werden die jährlichen Reparaturkosten sein.

Die Kutter haben eine Abstellvorrichtung der Petroleumleitung nach dem Motor, die sich sehr gut bewährt und bei der ohnehin geringen Feuergefährlichkeit der Alphamotore noch als eine besonders leicht und einfach zu handhabende und sicher wirkende Schutzvorrichtung gegen Feuersgefahr angesehen werden muß.

Der Petroleumverbrauch der Motoren ist nicht groß. Die Lieferanten wollen dafür garantieren, daß der Petroleumverbrauch nicht $^1/_2$ kg für die P.S. und Stunde übersteigt und werden diese Garantie auch ohne großes Risiko übernehmen können. Bei den Probefahrten der Kutter „Memel" und „Köslin" in Frederickshavn wurde, soweit mir bekannt ist, eine genaue Feststellung des Petroleumverbrauchs nicht vorgenommen. Hier in Memel würde während des Betriebes diese Feststellung Schwierigkeiten gemacht haben. Ich fand aber Gelegenheit, mich über den Petroleumverbrauch der Alphamotore genau zu unterrichten, als der Memeler Lachskutter „Grete", dargestellt in Fig. 7, mit einem einzylindrigen 4 P.S.-Motor versehen worden war. Bei der drei Stunden währenden Probefahrt, die ich leitete, liefen wir durchweg mit ganzer Kraft und verbrauchten dabei 6,7 kg Petroleum, also 2,23 kg für die Stunde. Da die Motoren eine größere Kraft als die angegebene entwickeln, so kann man annehmen, daß wir mit mindestens $4^1/_2$ P.S. und darüber gefahren sind, dann beträgt also der Verbrauch nicht ganz 0,5 kg für 1 P.S. und Stunde. Dies ist auch durch mehrere von mir mit den Motorbeibooten des „Memel" und „Köslin" unternommene Versuchsfahrten voll und ganz bestätigt worden. Aus den Angaben der Kutterführer in den Schiffstagebüchern (Fangbüchern) könnte man auf einen erheblich grösseren Verbrauch schließen; man muß aber aus verschiedenen Gründen Zweifel in die Richtigkeit ihrer Angaben über die Anzahl der Betriebsstunden setzen, da dieselben bei genauer Prüfung einander oft widersprechen. Wahrscheinlich sind bei den Betriebsstunden nur die Stunden der Hin- und Herfahrt, aber nicht die Stunden des Fischfangs, bei dem der Kutter nur mit halber Kraft arbeitet, angegeben worden. Jedenfalls steht der obenberechnete Verbrauch von etwa 0,5 kg für 1 P.S. und Stunde fest. An Putzmaterial hat der Kutter „Memel" 25 kg im Jahre für insgesamt 20 Mark verbraucht, an Schmiermaterial 175 kg Oel. Eine Berechnung der Motorbetriebskosten für die Zeit und Krafteinheit läßt sich nach den Fangbüchern der Kutter aus den oben angeführten Gründen nicht anstellen. Nach meinen eigenen, leider nicht sehr umfangreichen Feststellungen belaufen sich die Betriebskosten des Motors bei voller Fahrt auf 14 Pfennig für Stunde und Pferdekraft, bei Betrieb der Winde allein auf 5—6 Pfennig für Stunde und Pferdekraft, so daß sich die Betriebskosten im Mittel etwa auf 9—10 Pf. für die Zeit und Krafteinheit stellen würden.

Fünftes Kapitel.
Von den Fangbetrieben und Fangergebnissen der Kutter.

Der Kutter „Memel" begann am 8. Oktober 1903 seine Tätigkeit. Er fischte bis zum 11. November abwechselnd mit Snurrwade und Scheerbrettnetz, besonders auf der Strecke zwischen Memel und Schwarzort bis auf 60 Meter Wassertiefe. Die Snurrwade selbst war bis dahin bei den deutschen Ostseefischern nicht in Gebrauch. Die Art des Betriebes aber war ihnen bekannt, denn sie fischten schon lange mit der Zeise, die als eine stark verkleinerte, engmaschige Snurrwade angesehen werden muss und deren Betrieb dem Snurrwadenbetrieb gleich ist. Beide Netze bestehen aus einem Sack mit zwei Flügeln, die bei der Snurrwade etwa siebenmal so lang als bei der Zeise sind, während die Maschen der Snurrwade fast sechsmal grösser als die der Zeise sind. Die Snurrwadenfischerei wurde auf folgende Art betrieben. War der Kutter auf dem Fangplatze angelangt, so legte er sich vor Anker, behielt das Ende der einen Leine an Bord und ließ das Netz durch das Motorbeiboot in einem großen Kreis ausfahren. Wenn das Beiboot wieder beim Kutter anlangte, begann das Einhieven des Netzes mit der vom Motor getriebenen Winde. Wenn nun das Netz irgendwo hakte, so hatte das Beiboot sofort die Stelle des Hindernisses ausfindig zu machen und das Netz zu klarieren. Hierbei erwies sich schon der große Nutzen des in Figur 12 dargestellten Motorbeiboots, denn ohne dasselbe hätte der Kutter die Klarierung des Netzes selbst ausführen müssen, und dabei wäre ihm bei dem langen Aufenthalt und der Schnelligkeit der Fische der ganze Fang wieder aus dem Netz gegangen, wie es den Zeisefischern stets in einem solchem Falle ergeht. Leider kam ein Unklarwerden des Netzes in der ersten Zeit häufig vor, weil der Grund der östlichen Ostsee an vielen Stellen mit Steinen, Baumstümpfen und ähnlichen Hindernissen übersät ist. Erst allmählich gelang es dem Kutter, sich die zum Snurrwadenbetrieb geeigneten Strecken mit reinem Grunde zu merken.

Die Snurrwadenfischerei wurde vom Kutter „Memel" im Jahre 1904 von Mitte Mai bis 16. Oktober, 1905 vom 4. Juni bis 26. September, 1906 vom 11. Juni bis 11. Oktober betrieben. Der Kutter „Köslin" hat während seiner Stationierung in Pommern wenige Versuche in diesem Betrieb ge-

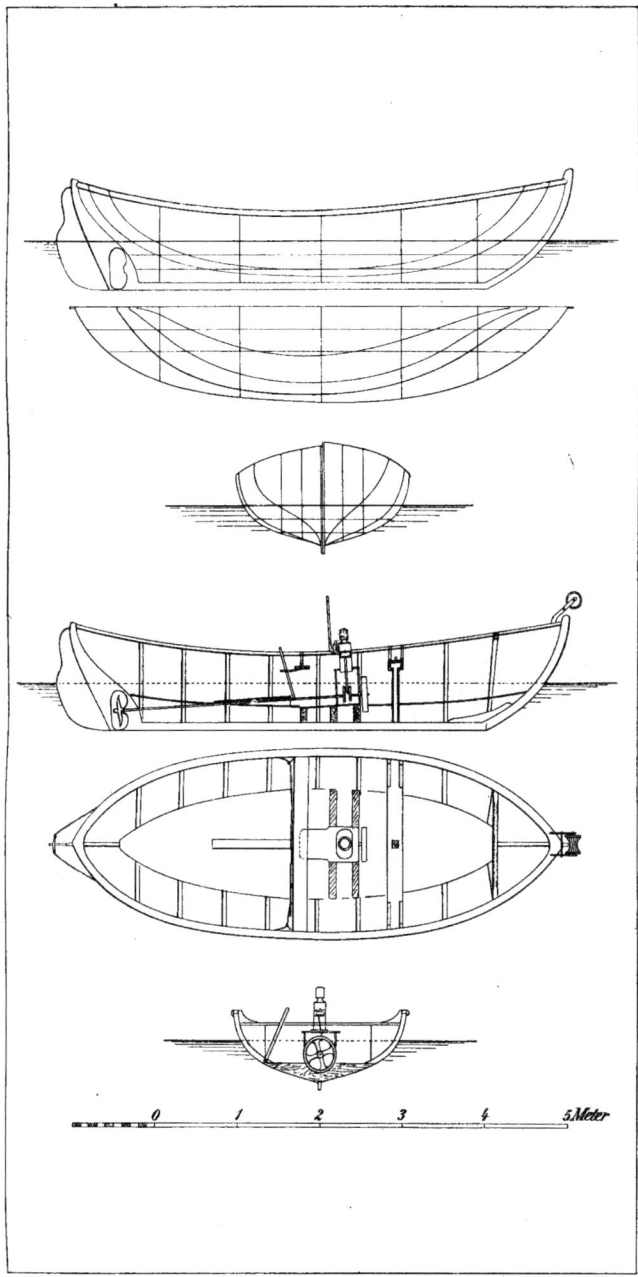

Fig. 12. Petroleummotor-Beiboot.
Dem in dem Vorwort erwähnten Werke von Dittmer und Buhl entnommen.

macht, welche angeblich wegen Unebenheit des Grundes mißlangen. Ueber seinen Aufenthalt in Pillau (Sommer 1905) ist kein Fangbuch geführt und daher keine genaue Angabe möglich, doch ist mir mitgeteilt worden, daß „Köslin" von Pillau aus nur Snurrwadenfischerei betrieben hat. In Memel hat er am 16. Mai 1906 mit dem Snurrwadenbetriebe begonnen und denselben nicht nur im Sommer, sondern auch bis 15. November fortgesetzt. Der Führer wollte selbst während des Winters mit der Snurrwade fischen. Doch musste er der Lachsangelfischerei halber und des zu starken Frostes wegen diese Fischerei einstellen. Die Snurrwadenfischerei hat meiner Meinung nach für unsere Gegend eine große Bedeutung, die bei Vermehrung der Motorkutter sich immer klarer zeigen wird, denn sie wird vielleicht die ihrer engen Maschen wegen der Fischbrut so verderbliche Zeise verdrängen, die wegen ihrer Billigkeit nicht nur von Berufsfischern, sondern obendrein auch von einer Anzahl von Arbeitern während der Sommermonate betrieben wird. Das Verdienst des Deutschen Seefischerei-Vereins, das an sich schon durch die Einführung des Motors und der Snurrwade in die deutsche Ostseefischerei sehr groß ist, würde, wenn meine Ansicht sich als richtig erweist, noch ganz bedeutend vergrößert werden, weil der Vernichtung der Plattfische an unserer Küste durch die Zeisenfischerei endlich ein Ziel gesetzt wäre. Die Scheerbrettnetzfischerei war sowohl der Netzart als auch dem Betriebe nach den ostpreußischen Seefischern ganz unbekannt, während sie an der pommerschen Küste, besonders von Stralsund aus, schon früher vielfach betrieben worden war. Das Scheerbrettnetz ist ein Grundschleppnetz, ein Sack ohne Flügel, das im Gegensatz zur Snurrwade besonders bei stärkerem Winde ausgesetzt und je nach Raum und Wetter 4 bis 6 Stunden geschleppt wird, wobei die an beiden Enden der Obersimm befestigten Scheerbretter das Netz geöffnet halten. Im Innern des Sackes befindet sich eine Einkehle in Form einer Klappe, die beim Aufhören des Treibens zufällt und das Entweichen der ins Netz gegangenen Fische verhindert. Die Scheerbrettnetzfischerei hatte an unserer Küste noch mehr als der Snurrwadenbetrieb durch die Unebenheit des Seegrundes zu leiden. In den Jahren 1903 und 1904 fischte der Kutter „Memel" mit dem Scheerbrettnetz in derselben Zeit wie mit der Snurrwade, mit beiden je nach Wind und Wetter abwechselnd auf denselben Fanggründen. Da aber der Netzschaden öfters sehr groß war, so machte der Kutter im Jahre 1905 nur einige Versuche, die auch nicht gut ausfielen und stellte dann die Scheerbrettnetzfischerei überhaupt ein. Der Kutter „Köslin" betrieb in Pommern die Scheerbrettnetzfischerei in ausgedehntem Maße, im Jahre 1903 vom 8. Oktober bis zum 21. November, 1904 vom 4. Mai bis zum 10. September, 1905 vom 24. April bis zum 19. Mai bis zu seiner Ueberführung nach Pillau. In Pillau hat er nicht mit Scheerbrettnetz gefischt und hier von Memel aus nur einmal. Danach scheint die Scheerbrettfischerei für die ostpreußische Küste nicht geeignet zu sein.

Auffälligerweise wurde mit dem Scheerbrettnetz im Jahre 1903 und im Jahre 1904 je ein Stör, das eine Mal 27 kg, das andere Mal 13 kg schwer gefangen bei einer Stelle, die von den Fischern die „Bank von Nidden" genannt wird. Das scheint ein Beweis zu sein, daß dort zu gewissen Zeiten sich Störe in größerer Menge aufhalten, da der Fang eines Störs mit dem Schleppnetz selten ist. Einen Versuch mit dem Störnetz konnte der Kutter „Memel" nicht machen, da er mit einem solchen Netze nicht ausgerüstet war. Vielleicht wäre aber der Störfang doch lohnender gewesen, als die Fischerei mit den Dorschnetzen, von denen 30 Stück angeschafft worden waren. Die mit diesen im ersten Jahre vom Kutter „Memel" gemachten 5 Versuche ergaben einen ganz geringen Ertrag, so daß die Dorschnetzfischerei seitdem ruht. Der Kutter „Köslin" war mit einer noch größeren Anzahl dieser Netze ausgerüstet und scheint mit ihnen nur einige ganz ergebnislose Versuche gemacht zu haben, denn es ist über diesen Fangbetrieb in die Fangbücher nichts eingetragen. In Memel wollte der „Köslin" mit diesen Netzen auf Flundern fischen, aber schon bei der ersten Reise gingen die Netze, wie auf Seite 20 erzählt, durch die Unzulänglichkeit des Kutters verloren.

Als im Winter von 1903 zu 1904 die Breitlinge an der Seeküste zu beiden Seiten des Memeler Hafeneinganges in ungeheuren Mengen auftraten, versuchte der Kutter „Memel", da er kein Breitlingsgarn besaß, zweimal mit dem im Kurischen Haffe gebräuchlichen Keitel sich an dem Fang zu beteiligen, hatte jedoch fast gar keinen Erfolg. Dagegen hat der Kutter „Köslin", der ein richtiges Breitlingsgarn mitbekommen hatte, in den Jahren 1903 und 1904 zwölfmal Versuche mit dieser Fangart gemacht und mittelmäßigen Erfolg gehabt. Im Jahre 1905 wurden 4 Versuche gemacht, deren Ertrag nicht mehr ganz so gut war. In Pillau und Memel ist diese Art der Fischerei bisher nicht betrieben worden.

Ferner beteiligte sich der Kutter „Memel" in seinem ersten Jahre wiederholt an der hier sehr viel betriebenen und auch zeitweise recht ergiebigen Lachstreibnetzfischerei. Hierbei aber zeigte es sich, daß der Kutter seines schwachen Motors wegen nur bei stillem Wetter dazu geeignet war. Unsere Segelkutter fischten mit etwa 60 bis 75 Stück dieser Netze, die, nur an der Obersimm miteinander verbunden, in einer Fleet von mehr als einer Seemeile an der Oberfläche des Wassers stehend treiben, indem der Kutter hinter der Fleet wie an einem Treibanker liegt. Der Mast des Fahrzeuges wird, um möglichst langsam zu treiben, umgelegt. Beim Einholen des Netzes wird natürlich nicht das dazu viel zu schwere Netz, sondern der leichte Kutter gezogen. Der Kutter „Memel" trieb aber erstens viel zu schnell, und zweitens konnte die schwere Last des Kutters ebenso wenig wie die

Netze beim Einholen durch Menschenkraft gezogen werden. Der Kutter mußte arbeiten und war es bei den wenigen Versuchen durch die Motorkraft möglich, die Netze zu bergen. Bei etwas stärkerem Winde und Seegang wäre der Motor nicht mehr im Stande gewesen, den Kutter vorwärts zu bringen. Jedenfalls war der Erfolg gleich Null. Der Kutter „Köslin" hat in Pommern im ganzen elf Versuche mit den Lachstreibnetzen gemacht und auch nur sehr geringe Erträge gehabt. Da die Fischer mit Recht fürchten, daß sie beim Stärkerwerden des Windes einmal ihre Treibnetze nicht einziehen könnten, sondern sie alle verlieren müßten, so wird mit dem Lachstreibnetz nicht mehr gefischt. Außerdem hat der Kutter „Köslin" in Pommern noch mit dem Heringstreibnetz gefischt, das dem Lachstreibnetz ähnlich, aber in nur halb so langer Fleet 5 m unter dem Wasserspiegel steht, in der Zeit von Anfang Dezember 1903 bis Ende Mai 1904 und vom 21. Oktober 1904 bis 1. März 1905. Die Erträge waren mittelmäßig und dienten teilweise zum Bestecken der Lachsangeln.

Während also unter allen Schlepp- und Zugnetzen allein die Snurrwade mit dauerndem gutem Erfolg gearbeitet hat, ist es mit der Angelfischerei viel besser gewesen. Betrieben wurde diese Fischerei mit Lachsangeln und Dorschangeln. Die Fanggründe der Kutter erstrecken sich wie bei der Netzfischerei hauptsächlich von Nidden bis Pappensee (Rußland). Die Lachsangelfischerei beschränkte sich mehr auf die Gegend von Memel bis Polangen und begann bei 40 m Wassertiefe. Der Kutter „Memel" hat im ersten Fangjahre vom 30. November 1903 bis 14. April 1904, im zweiten vom 24. November 1904 bis 13. Februar 1905, im dritten vom 23. Januar bis 27. Februar 1906, im vierten vom 31. Dezember 1906 bis 1. März 1907 mit Lachsangeln gefischt. Der Kutter „Köslin" betrieb die Lachsangelfischerei an der pommerschen Küste vom 3. Januar bis 17. Februar 1904 und vom 14. November 1904 bis zum 4. März 1905, in Memel vom 31. Dezember 1906 bis 31. Januar 1907. Die Lachsangelfischerei ging auf folgende Weise vor sich: Da das Bestecken vom Kutter aus nicht möglich war, weil er bei starkem Winde nicht vorwärts kam und überhaupt des langen Bugsprits wegen dazu nicht brauchbar war, so wurde diese Arbeit vom Beiboot aus besorgt, was natürlich nur bei günstigem Wetter möglich war. Zum Fange benutzte der Kutter „Memel" bis zu 30 Stieg von je 20 Stück. Jede Angel besteht aus einem etwa 5 kg schweren Ankerstein, dem Ankertau, der Holzboje, der Lenke, einem an der Holzboje befestigten, etwas schwächeren und kürzeren Tau mit mehreren Korkstücken, der Leerche, einem großen Korkstück und dem daran hängenden Vorlauf, einer Schnur von 3 m Länge mit dem etwa 10 cm langen, am oberen Ende durch ein kegelförmiges Stückchen Blei beschwerten Haken. Jede Lachsangel wird mit einem frischen Hering bezw. Strömling oder Plötz besteckt und für sich ausgelegt. Am nächsten Tage werden die

Angeln einzeln herausgehoben, d. h. nur der Vorlauf derselben, während die zur Verankerung dienenden Teile liegen bleiben, der Fang wird geborgen, die Angel aufs neue besteckt und wieder ausgelegt. Am Ende der Fangzeit werden die Ankertaue unter den Holzbojen durchschnitten und die letzteren mit den Lenken, Leerchen, Vorschnüren und Haken geborgen. Ankersteine und Tau bleiben im Wasser, weil die letzteren gewöhnlich so mürbe geworden sind, daß die Steine nicht mehr daran herausgehoben werden können. Die Lachsangelfischerei wurde natürlich stark dadurch beeinträchtigt, daß sie bei starkem Winde gar nicht, bei schwächerem Winde nur mit dem Beiboote betrieben werden konnte. Hätte der Kutter einen stärkeren Motor und eine Vorrichtung zum leichteren Streichen des Bugspriets besessen, so hätte das Bestecken der Angeln bei günstigem Wetter mit Kutter und Beiboot, bei ungünstigem Wetter immer noch wenigstens mit dem Kutter geschehen können.

Weit ergiebiger war die Dorschangelfischerei, bei welcher der Kutter noch von den mitgeschleppten Fischerbooten den vierten Teil ihres Fanges bekam. Der Kutter „Memel" hat die Dorschangelfischerei im ersten Fangjahre vom 30. April bis 15. Mai 1904, im zweiten vom 13. Oktober 1904 bis zum 3. Juni 1905, im dritten vom 25. September 1905 bis zum 9. Juni 1906, im vierten vom 20. September bis zum 20. Dezember 1906 ausgeübt. Der Kutter „Köslin" hat in Pommern nur elfmal mit Dorschangeln gefischt, in Pillau gar nicht, in Memel hat er damit noch nicht begonnen. Zur Dorschangelfischerei konnte das Beiboot nicht benutzt werden, weil es keinen Raum zum Bergen eines größeren Fanges bietet. Es wurde darum in Memel gelassen und ein Ruderboot mitgenommen, das die Angeln auslegte und auch wieder einzog. Die Dorschangeln sind alle mit kurzen Vorschnüren an ein und derselben Leine befestigt und liegen bei 40 m Wassertiefe auf dem Grunde. Sie werden zu jedem Fange vorher am Lande mit Stücken von Hering, Strömling, Breitling, auch mit kleinen Stinten und Seekrabben besteckt und über Sand gezogen, letztere Arbeit wird von alten Männern, Frauen, auch Kindern ausgeführt. Gewöhnlich wurde der Fang mit 10 bis 13 Holz zu je 1080 Stück, also mit 10 000 bis 13 000 Stück vom Kutter „Memel" betrieben. Da derselbe noch 4 bis 5 Boote in Schlepptau nahm, so führte er bei manchem Fange 70 000 Angeln und noch mehr mit sich. Der Kutter „Köslin" hat nur mit 3800 Stück gefischt und darum wohl auch keinen Erfolg gehabt. Für den Dorschangelfang kamen besonders die Bank bei Nidden, 28 Seemeilen südlich von Memel, und die Bank von Pappensee, ebensoweit nördlich, in Betracht. Andere Fangbetriebe sind bisher von den Kuttern nicht ausgeübt worden. Welche Fanggründe sie hier von Memel aus besucht haben, geht aus den obigen Angaben hervor. Ich bemerke nur noch darüber, daß die Kutter über Pillau im Süden und Libau im

Norden niemals hinausgekommen sind und bei der geringen Stärke ihrer Motore sich auch niemals weiter als höchstens 10 Meilen vom Strande entfernt haben. Das Motorbeiboot ist nach den vorstehenden Ausführungen über den Memeltyp für die Lachsangelfischerei und für die Snurrwadenfischerei unbedingt nötig. Für die Dorschnetzfischerei, die Fischerei mit dem Breitlingsgarn und dem Störnetz ist es von sehr großem Nutzen. Die Ausrüstung dieser Kutter mit einem Motorbeiboot ist also durchaus ratsam, auch wenn dieselben mit einem stärkeren Motor versehen wären. Das Motorbeiboot spart auf alle Fälle Arbeitskraft und macht sich immer bezahlt, da außerdem ein mit Motorbeiboot ausgerüsteter Kutter z. B. bei der Snurrwadenfischerei 50 pCt. mehr Züge machen kann, als ein Kutter ohne Beiboot. Daher gehen auch die Besitzer des Motorkutters „Ostsee", obwohl dieser selbst so viel kleiner ist, mit dem Gedanken um, ein Motorbeiboot anzuschaffen. Um ein Bild von den Erträgen aus den einzelnen Fangbetrieben zu geben, führe ich die Fangreisen der Kutter und ihre Ergebnisse nach den Betriebsjahren an. Zuerst für den Kutter „Memel".

In dem ersten Betriebsjahre vom 8. Oktober 1903 bis dahin 1904 hat der Kutter „Memel" 64 Fangreisen im ganzen gemacht.

Auf 36 Fangreisen fischte er mit Snurrwade und Scheerbrettnetz, außerdem auf 8 Reisen mit Scheerbrettnetz neben anderen Betrieben. Die gesamte Snurrwaden- und Scheerbrettnetzfischerei brachte rund 218 Zentner Plattfische (besonders Flundern) für . . . . 4703,80 M.
2 Störe für . . . . 19,20 „

Auf 8 Fangreisen betrieb er nur Lachsfischerei und außerdem auf 13 Reisen dieselbe neben andern Betrieben. Auf 7 Reisen wurden auch die Lachstreibnetze benutzt. Er fing 46 Stück Lachse für . . . . 1799,40 „

Auf 3 Fangreisen wurde nur Dorschangelfischerei ausgeübt, auf einer Reise diese neben andern Betrieben. Außerdem wurde auf 7 Reisen auch mit Dorschnetzen gefischt. Der ganze Dorschfang ergab 134,5 Schock für . . . . 628,80 „

Auf 2 Reisen wurde mit Keitel auf Breitling gefischt. Der Erlös betrug nur . . . . 3,50 „

Die Bruttoeinnahmen der 64 Reisen von zusammen 247 Betriebstagen waren . . . . 7154,70 „
auf einer Reise von durchschnittlich 3 Tagen . , ... 86,91 „
also für den Fahrtag . . . . 28,97 „

Im zweiten Betriebsjahre des Kutters „Memel" wurden 71 Fangreisen gemacht. Auf 31 Reisen wurde die Fischerei mit Snurrwade und Scheerbrettnetz betrieben.

Der Ertrag war 130 Zentner Plattfische für . . . . . 3892,00 M.

Auf 8 Reisen wurde nur Lachsangelfischerei und auf
2 Reisen diese neben Dorschangelfischerei ausgeübt und 6 Stück
Lachs für . . . . 202,00 M.
erbeutet.

Auf 30 Fangreisen wurde nur Dorschangelfischerei ausgeübt, auf 2 Reisen diese neben Lachsangelfischerei. Es
wurden gefangen 261 Schock Dorsche für . . . . 3252,00 „

Die Bruttoeinnahmen der 71 Reisen von zusammen
192 Betriebstagen waren . . . . 7346,00 M.
also für eine Reise von durchschnittlich 3 Tagen . . . . . 114,78 „
für einen Fahrtag . . . . 38,26 „

Im dritten Betriebsjahre 1905 bis 1906 machte der
Kutter „Memel" 66 Fangreisen.

Auf 20 Reisen wurde mit Snurrwade gefischt. Der Fang
betrug 228 Zentner Plattfische für . . . . 3823,00 M.

Auf 10 Reisen wurde Lachsangelfischerei betrieben und
25 Stück Lachs für . . . . 754,00 „
gefangen.

Auf 36 Reisen wurden mit Dorschangelfischerei
219³/₄ Schock Dorsch für . . . . 2866,00 „
eingebracht.

Die Bruttoeinnahme des Jahres betrug bei 66 Reisen
und 175 Tagen . . . . 7443,00 „
also für einen Fahrtag . . . . 42,53 „

In der Zeit vom 8. Oktober 1906 bis zum 1. März 1907
wurden 14 Fangreisen gemacht.

Auf einer Reise wurde die Fischerei mit der Snurrwade
betrieben. Der Ertrag war 4½ Zentner Plattfische für . . 100,00 M.

Auf 8 Reisen wurde nur Lachsangelfischerei ausgeübt
und 7 Stück Lachse gefangen für . . . . 170,00 „

Auf 5 Reisen wurde nur mit Dorschangel gefischt. Es
wurden 41 Schock Dorsch für . . . . 471,00 „
gefangen.

Die Bruttoeinnahme seit dem 8. Oktober 1906 bis
28. Februar einschl. betrug bei 14 Fangreisen und 30 Tagen 741,00 „
für den Fahrtag . . . . 24,70 „

Der Kutter „Köslin" machte im Jahre 1903 bis 1904
62 Fangreisen, davon 31 Reisen mit Scheerbrettnetz, welche
715 Stiege Flunder und 225 Körbe kleine Flunder für zusammen 754,60 M.
und 300¹/₄ Stieg Schollen für . . . . 874,00 „
ergaben.

Auf 11 Reisen wurden mit Lachsangeln und auf 3 Reisen mit Lachsnetzen insgesamt 31 Stück Lachs für . . . . . 733,85 M. gefangen.

Auf 4 Reisen brachte die Dorschnetzfischerei 9 Stieg 5 Stück Dorsch für . . . . 39,25 „ ein. 8 Reisen mit Heringsnetzen ergaben 1095 Stieg für 242,20 „ endlich 8 Reisen mit Breitlingsgarn 30 400 kg . . . . . . 583,20 „

Außerdem wurden auf den Fangreisen des Jahres noch verschiedene Fischarten für . . . . 120,55 „ gefangen.

Die Bruttoeinnahme betrug bei 62 Fangreisen von zusammen 197 Tagen . . . . 3347,65 „
für einen Fahrtag . . . . 17,00 „

Im zweiten Betriebsjahre fischte der Kutter „Köslin" in Pommern nur vom 8. Oktober 1904 bis zum 19. Mai 1905 und machte 36 Fangreisen mit verschiedenartigen Fanggeräten, als Scheerbrettnetz, Lachsangel, Lachstreibnetz, Heringsnetze und Breitlingsgarn.

Der Ertrag bestand in 6 Zentnern Flundern für . . . 155,90 „
34¹/₄ Zentner Schollen für . . . . 1010,00 „
53 Stück Lachs für . . . . 1316,40 „
3 Stieg Dorsch für . . . . 14,50 „
161¹/₂ Schock Heringe für . . . . 140,30 „
und 163 Tonnen Breitling für . . . . 223,80 „

Die Bruttoeinnahme auf 36 Fangreisen mit zusammen 121 Tagen betrug . . . . 2860,90 „
für einen Fahrtag . . . . 23,64 „

Im dritten Betriebsjahr bis 16. Mai 1906 sind keine Fänge notiert worden. Seit dieser Zeit bis 1. März 1907 hat der Kutter 40 Fangreisen gemacht. Auf 34 Fangreisen wurde mit der Snurrwade gefischt und auf 2 derselben mit dem Scheerbrettnetz. Der Fang betrug 220 Zentner Plattfische für . . . . 4702,00 M.

Auf 4 Reisen wurde Lachsangelfischerei betrieben und 8 Lachse für . . . . 213,00 „ gefangen.

Die Bruttoeinnahme bei 40 Reisen und 106 Tagen betrug 4915,00 „

Während der Zeit vom 17. Januar bis 1. März konnte wegen des zu starken Frostes, welcher die Ostsee mit Eis auf eine weite Strecke von der Küste belegt hielt, nicht gefischt werden. Vergleichen wir noch die einzelnen Betriebsarten nach ihren Erträgen der ersten drei Fangjahre des Kutters „Memel", so fällt auf, daß die Lachsfischerei im ersten Jahre am besten, im zweiten Jahre wegen der anhaltenden stürmischen Witterung ganz schlecht, im dritten wieder etwas besser war. Auch der Fang des ersten Jahres muß nur als mittelmäßig bezeichnet werden. Die Schuld trägt einesteils der Rückgang des Lachses an unserer Küste während der letzten Jahre, andernteils die schlechte Witterung, die nicht nur die Zahl der Fangreisen beschränkt, sondern auch Materialschaden macht. So wurden im zweiten Betriebsjahre dem Kutter „Memel" sämtliche ausgelegten Lachsangeln, nachdem er 8 Reisen gemacht hatte, durch Sturm und Eis vernichtet. Wie sehr der geringe Ertrag des zweiten und dritten Jahres auch an der zu geringen Kraft des Motors lag, ersehen wir daraus, daß der Motorkutter „Ostsee" mit 14 Tons und 8 PS. in beiden Jahren mehr gefangen hat, als der Kutter „Memel", weil er trotz Wind und Wetter auslaufen konnte, wenn der letztere im Hafen bleiben mußte. Die Flunderfischerei war auch im ersten Jahre am besten, im zweiten wurde der Kutter gerade in der besten Zeit des Jahres durch die vorher geschilderte Strandung am Betriebe gehindert, sonst hätte der Fang des ersten Jahres übertroffen werden können. Im dritten Jahr war der Fang gut, die Preise aber sehr niedrig, daher wurde nicht einmal der Ertrag des zweiten Jahres erreicht. Der Dorschfang war im zweiten und dritten Jahre bedeutend besser als im ersten, weil in diesem die Dorschfischerei lange nicht intensiv genug betrieben worden war. Jedenfalls werden die Motorkutter „Memel" und „Köslin" nach meiner Ueberzeugung in besseren Fischjahren auch bedeutend bessere Ergebnisse erreichen, als es ihnen bisher möglich war.

Sechstes Kapitel.
Von der Rentabilität und Zweckmäßigkeit der Motorfahrzeuge.

Will man ein Urteil über die Rentabilität der beiden Motorkutter fällen, so kann man das erste Betriebsjahr nicht in Anschlag bringen. Der Kutter „Memel" fischte in demselben für Rechnung des Deutschen Seefischerei-Vereins mit der ausdrücklichen Aufgabe, alle in Betracht zu ziehenden Fangbetriebe zu versuchen, um erst einmal über die Gebrauchsfähigkeit der Motoren und über die Ergiebigkeit der einzelnen Betriebe Erfahrungen zu sammeln. Dabei hat der Deutsche Seefischerei-Verein in dankenswerter Weise keine Ausgaben gescheut, um das gesteckte Ziel möglichst zu erreichen. Der Kutter „Köslin" hatte in seinem ersten Betriebsjahre eine ähnliche Aufgabe und wurde, wenn er auf Rechnung des Führers fischte, doch vom Deutschen Seefischerei-Verein vielfach unterstützt, damit nicht etwa nur der Kosten willen notwendige Versuche unterlassen würden. Die Erfahrungen des ersten Fangjahres kommen nun allen Fischern zugute, welche sich Motorfahrzeuge anschaffen, so daß diesen manche Ausgaben erspart bleiben, die für die beiden Kutter im ersten Jahre gemacht werden mußten. Für die Rentabilität der Motorfischerei dürfen wir mithin aus dem Versuchsjahre keine Schlüsse ziehen, sie würden falsch sein und sehr ungünstig ausfallen, da im Versuchsjahre die Ausgaben nicht durch die Einnahmen gedeckt wurden. In Betracht kommen für das Urteil über die Rentabilität nur das zweite und dritte Betriebsjahr des Kutters „Memel", das vierte auch nicht, weil noch nicht einmal die erste Hälfte des Jahres, das am 8. Oktober 1906 begonnen hat, vorüber war, als diese Arbeit verfaßt und gedruckt wurde. Auf den Kutter „Köslin" kann überhaupt dabei kaum Rücksicht genommen werden, da derselbe im zweiten Betriebsjahr wiederholt seinen Führer und auch seinen Aufenthaltsort gewechselt hat. In Pillau hat er überhaupt keine Fangbücher geführt. Das dritte Betriebsjahr des „Köslin" begann erst mit seiner Ueberführung nach Memel im April 1906, ist also auch noch nicht beendigt, auch bedurfte es großer Ausgaben, um das Fahrzeug erst wieder seetüchtig und betriebsfähig zu machen. Die Schlüsse, welche sich aus den allein in Betracht zu ziehenden beiden vollen Betriebsjahren des Kutters „Memel" ergeben, können auch nicht als völlig sicher und maßgebend bezeichnet werden, da die Zeit von 2 Jahren doch nur sehr kurz ist und gerade diese beiden Jahre als schlechte Fischereijahre angesehen werden müssen. Im zweiten Betriebsjahre betrugen die Einnahmen des Kutters „Memel" 7346,00 M., im dritten Betriebsjahre 7443,00 M., im Mittel also 7394,50 M. Dazu kommen jährlich im Durchschnitt 500 M. von den bei der Dorschangelfischerei in Schlepp genommenen Fischerbooten, so daß sich selbst in einem schlechten Jahre die Einnahme auf rund 7800 M. stellen würde. Dagegen kommen als Ausgaben zunächst die Betriebskosten der Motore in Betracht. Für die Berechnung des Petroleumverbrauchs müssen die Probefahrten des Kutters „Grete" und der Beiboote die Grundlage bilden, die einen Verbrauch von etwa $1/_2$ kg für Stunde und PS. ergaben. Sie werden übrigens durch das Fangbuch des Kutters „Köslin" im Jahre 1903 bis 1904, das genauere Angaben über Petroleumverbrauch enthält, voll und ganz bestätigt. In diesem Jahre hatte der Kutter 1459 Betriebsstunden des Kuttermotors zu verzeichnen und 4381 kg Petroleum verbraucht, was genau $1/_2$ kg für Stunde und P. S. ergibt, daneben 111 Betriebsstunden für den Beibootmotor und $81^3/_4$ kg Petroleum, was ungefähr ebensoviel ausmacht. Nehmen wir 200 Fahrtage zu je 9 Stunden im ganzen an, so ist das nach den Fangbüchern beider Kutter hoch gegriffen. Um die Ausgabe möglichst hoch zu nehmen, berechnen wir jede Stunde zu 6 P. S., was $1860 \times 6 = 10800$ Kraftstunden zu 0,5 kg, also einen Petroleumverbrauch von 5400 kg ergäbe. Da wir aber auch etwaige Verluste durch Unachtsamkeit der Fischer und andere Zufälle in Betracht ziehen wollen, so setzen wir als Höchstverbrauch an Petroleum jährlich 6000 kg an. Mehr kann nach den gemachten Erfahrungen ein Motorkutter des Memeltyps unter keinen Umständen verbrauchen. Dazu kämen 25 kg Baumwolle als Putzmaterial und allerhöchstens 300 kg Maschinenöl. Für Motorreparaturen sind 100 M. jährlich hoch gegriffen. Kutterreparaturen stellen sich nach allen Betriebsjahren der Kutter auf höchstens 150 M. Von größeren Unfällen am Motor und am Fahrzeug müssen wir dabei natürlich absehen. Diese werden ja meistens auch durch Versicherung gedeckt werden. Die Versicherungskosten stellen sich bei unserer Memeler Versicherungskasse in den ersten Jahren auf 1 pCt. des Gesamtwertes des Kutters, im vierten Jahre ermäßigt sich die Prämie auf $^1/_2$ pCt., Schäden unter 20 M. werden nicht bezahlt, über 20 M. trägt der Versicherte die Hälfte; bei Ganzverlust wird $^4/_5$ des Wertes ersetzt. Wir setzen, um möglichst hoch zu greifen, die Prämie des ersten Jahres in den Ausgabenetat ein. An Bemannung werden gebraucht ein Bestmann und zwei Knechte, deren Lohn wir nach den Memeler Verhältnissen auf 900 M. für den ersteren und 500 M. für jeden der beiden letzteren annehmen. Das ist jedenfalls der Höchstsatz, der in den meisten Fällen nicht erreicht wird. Die Gage für den Kutterführer setzen wir ebenfalls sehr hoch mit 1600 M. an. Vergleichsweise geben wir an, daß die Führer der auf dem Kurischen Haffe verkehrenden Schlepp- und Frachtdampfer, die auch einen schweren Dienst haben, nur 1200 bis 1300 M. jährlich erhalten. Es bleiben noch die Kosten für die Gezeuge übrig. Die größte ständige Ausgabe wird hier durch die große Zahl der im Jahre verbrauchten Snurrwadenleinen verursacht, die man auf etwa 500 M. annehmen muß. Selbst unter Berücksichtigung etwaiger Verluste ist die Summe von 1000 M. für die Gezeuge sehr hoch und reichlich.

Demnach ergibt sich folgender Ausgabenetat:

6000 kg Petroleum zu 24 Pf.	1440,00 M.
25 kg Twist zu 60 Pf.	15,00 „
300 kg Maschinenöl zu 65 Pf.	195,00 „
Reparaturen am Kutter	150,00 „
„ „ Motor	100,00 „
Versicherung 1 % von 15000 M.	150,00 „
1 Bestmann	900,00 „
2 Knechte zu je 500 M.	1000,00 „
der Kutterführer	1600,00 „
Gezeuge	1000,00 „
insgesamt	6550,00 M.

Es bleibt dem Besitzer des Kutters also ein Reingewinn von 1344,50 M. Es muß aber dabei noch einmal darauf aufmerksam gemacht werden, daß der Besitzer, der ja meistens zugleich Kutterführer sein wird, in seiner letzteren Eigenschaft schon einen reichlichen Lohn für seine Arbeitsleistung und den vollen Lebensunterhalt für sich und seine Familie mit der in den

Etat eingesetzten Summe von 1600 M. erhalten hat, daß ferner die in Rechnung gezogenen Jahre allgemein schlecht waren, daß endlich die Ausgaben ganz außerordentlich hoch gegriffen sind. Nehmen wir nun an, daß die Abnutzung des Fahrzeugs jährlich 5 % beträgt, was einer Lebensdauer von 20 Jahren gleichkommt, und fraglos eher zu hoch als zu niedrig gerechnet ist, so müßte jährlich die Summe von 900 M. kapitalisiert werden. Dann blieb dem Besitzer immer noch ein Ueberschuß von 400 M., so daß er nach Ablauf der 20 Jahre nicht nur einen neuen Kutter zu bauen imstande wäre, sondern auch noch 8000 M. Ersparnisse haben würde, wobei die beträchtlichen Zinsen des Reingewinns im Laufe dieser 20 Jahre garnicht angerechnet wären. Obendrein dauert die Tätigkeit des Kutterführers nicht unausgesetzt das ganze Jahr hindurch. Es bleiben ihm noch etwa 100 Betriebstage, an denen der Kutter des Wetters wegen nicht auslaufen kann. Da bietet sich viel Gelegenheit zu Nebenverdienst, der von dem Kutterführer Nowatz hierselbst auch wiederholt wahrgenommen worden ist, sei es durch Sprottfang oder Bergen von weggeschwemmten Hölzern oder Strandgut u. a. m. Hierbei kamen ihm auch die aus den Einnahmen des Kutters bezahlten Knechte stets und das Motorbeiboot wiederholt zu gute. Wie man es also auch ansehen mag, nach den beiden Betriebsjahren des Kutters „Memel" ist das Verhältnis der Einnahmen zu dem Wert der Fahrzeuge das denkbar günstigste. Das Anlagekapital verzinst sich nach Abzug aller Unkosten einschließlich des Lebensunterhalts für den Kutterführer mit mehr als 7½ %, und mehr als 2½ % Reingewinn bleiben sogar noch nach Abzug einer jährlichen Abnutzung von 5 %, deren Betrag verzinslich angelegt wird. Gleichartige Fahrzeuge, wie es die Kutter „Memel" oder „Köslin" sind, aber ohne Motor, gibt es hier jetzt nicht, man kann also auch mit ihren Erträgen keinen Vergleich ziehen.

Wie in der Einleitung erwähnt, ist im Jahre 1879 ein solcher Kutter hier in Memel gebaut, aber noch in demselben Jahre als ganz unrentabel verkauft worden, da er 10 Mann Besatzung brauchte. Soviel aber muß man sagen, daß selbst in schlechten Fangjahren diese Motorkutter sich allem Anschein nach vortrefflich rentieren müssen, und daß sie mit ihrem Reingewinn, nicht nur der Gesamtsumme nach, sondern auch dem Verhältnis nach den Reingewinn der andern hier vorhandenen Fischereifahrzeuge bedeutend übertreffen. Nur Motorkutter, die wie die „Ostsee" und „Anna" weniger Tons und mehr P.S. haben als „Memel" und „Köslin", scheinen noch bedeutend rentabler zu sein; ich habe aber von ihren Einnahmen nicht so genaue Kenntnis, daß ich einen sichern Vergleich anstellen könnte. Jedenfalls muß ich hier aber noch einmal den Vorteil betonen, den die Ausrüstung eines Kutters von der Größe der beiden Fahrzeuge mit einem Motor von 16 P.S. haben müßte. Er würde die Fischerei noch viel intensiver als unsere beiden Kutter, und nicht nur wie diese in der hiesigen Gegend, sondern in der östlichen Ostsee überhaupt, ja in der ganzen Ostsee, bei jedem Wetter und Wind, betreiben können und seine Mehrkosten in kurzer Zeit einbringen. Das Motorbeiboot, wie es „Memel" und „Köslin" führen, entspricht seinem Zwecke durchaus, und bei der oben angegebenen Vergrößerung des Kuttermotors bedürfte es keiner Vergrößerung des Beibootes, aber auch eine Verkleinerung wäre nicht angängig. Offene Motorboote für selbständigen Fischereibetrieb, die in Dänemark vielfach im Gebrauch sind, müssen aber bei unsern häufigen W. und SW.-Stürmen und unserer starken Brandung für unzweckmässig zur Fischerei von Memel aus angesehen werden. Sie können hier nicht so leicht wie dort auf den Strand laufen, wenn sie sich auf See gegen Wind und Wetter nicht zu halten vermögen, sondern würden dabei meist beschädigt werden oder gar verloren gehen, besonders da die Fischer durch das Vertrauen auf den Motor oft verleitet werden würden, länger zu trotzen als gut wäre. Derartige Motorboote würden außerdem in der Memeler Versicherungskasse nicht aufgenommen werden.

Siebentes Kapitel.
Von der Brauchbarkeit der Winde*) und der gesamten Kutterausrüstung für den Fischereibetrieb.

Die auf den Motorkuttern in Gebrauch befindliche Winde hat sich ihrer ganzen Konstruktion und Aufstellung nach wohl bewährt. Sie hat außer den Winschköpfen für Leinen noch besondere Trommeln für Stahldrahtseile, die aber, wenn sie nicht gebraucht werden, durch Ausrücken der Winde nach der Seite mittels eines Hebels abgestellt werden können. Diese Vorrichtung hat stets tadellos funktioniert, ebenso die Kuppelung zwischen Motor und Winde, die ähnlich wie die Umsteuerung durch einen Hebel von Deck aus in Bewegung gesetzt werden kann. Kleinere Kutter, wie Kutter „Grete", kommen wohl auch ganz gut mit Winden ohne Drahtseiltrommeln aus. Auf den Kuttern „Memel" und „Köslin" steht die Winde längsschiff, was bei größeren Kuttern, die nicht nur allein die Snurrwade- und Sprottnetzfischerei betreiben, sondern auch mit dem Scheerbrettnetz zu fischen eingerichtet sind, außerdem Beiboote führen, das einzige richtige ist. Bei kleineren Kuttern von etwa 10 Tons abwärts, die außer mit Angeln nur mit der Snurrwade fischen, erscheint diese Stellung hingegen gefährlich; es wäre geratener, auf derartigen Kuttern die Winde querschiffs zu stellen, wie das auch in Dänemark durchweg der Fall ist. Die Netze

---
*) Die Winde ist auf Seite 140 und 141 des in dem Vorwort erwähnten Buches von Dittmer und Buhl beschrieben und dargestellt.

können dann statt von der Seite, von hinten eingeholt werden, so daß die sonst immerhin vorhandene Möglichkeit des Vollschlagens bei hohem Seegange vermieden wird. Letztgenannte Kutter haben außerdem keine Bün, auch läßt sich bei diesen kleinen Fahrzeugen schwer eine solche ihrer Kleinheit wegen einrichten. Daher müssen sie, so oft wie möglich, auch wenn der Fang nur geringe ausgefallen ist, den Hafen aufsuchen, um die Ware frisch an den Markt zu bringen. Zum Segelsetzen wurde die Winde nicht benutzt, da die Segel klein sind. Dagegen war die Winde für das Ankerlichten von großem Nutzen. Die Winde ist ebenso wie das Spill mit einem Zahnrad versehen, über beide Zahnräder wird eine Kette gelegt, die durch einen an der Reeling befestigten Block geführt wird, weil die Winde längsschiffs steht. Zum Booteinsetzen dient je ein Takel am Großmast und am Besansmast. Beide Enden können um die Windenköpfe gelegt werden. Für die Fischerei insbesondere ist die Winde von großem Wert beim Fischen mit dem Scheerbrettnetz, der Snurrwade und dem Breitlingsgarn. Die Stahldrahtseile des Scheerbrettnetzes werden um die Trommeln der Winde gelegt und so lange eingeholt, bis die Scheerbretter am Kutter sind, dann wird das Einholen des Netzes mittels Takel fortgesetzt. Die Leinen der Snurrwade und des Breitlingsgarns werden um die Köpfe der Winde gelegt, und diese arbeitet dann ebenso wie vorher, bis das Netz selbst mit den Händen an Bord geholt werden kann. Die Ersparnis an Arbeitskraft und Zeit durch die vom Motor getriebene Winde ist sehr bedeutend.

Auch die übrige Ausrüstung der Kutter ist für den Fischereibetrieb sehr geeignet, und nur kleine Aenderungen daran wären mit Rücksicht auf Wind, Wetter und Seegang in den Gegenden der östlichen Ostsee notwendig, um allen Anforderungen zu genügen. Sämtliche Decksluken müssen, wie das auf dem Kutter „Köslin" schon geschehen ist, Häftstücke erhalten, damit sie mit einer Presenning wasserdicht geschalkt werden können. Falls die Bün der Kutter zum Schließen eingerichtet werden sollte, wäre das durchaus nötig, da sonst leicht Wasser durch die undichten Luken in die Bün gelangen und den Kutter beschweren würde. Aber auch ohne daß die Bün geschlossen würde, wäre dieses vorteilhaft, da die z. Zt. lose eingelegten Lukendeckel bei Sturm und Seegang leicht durch das auf den Kutter gelangende Wasser herausgehoben und fortgespült werden können. Um den Fischern beim Einholen der Netze eine bessere Stütze zu bieten, könnte man die Schanzkleidung, die jetzt sehr niedrig ist, wenigstens auf 33 cm erhöhen. Die Fahrzeuge würden auch dadurch etwas ansehnlicher werden. Ebenso müßte die Kappe des Maschinenhauses um ca. 30 cm erhöht werden und an jeder Seite ein mit Schieber zu schließendes Luftfenster erhalten, da der Aufenthalt ganz besonders während des Sommers darin zeitweise unerträglich ist. Für die Winterfischerei käme die Bekleidung mit Eisenblech für Kutter und Beiboote in der Wasserlinie außenbords in Betracht. Die Kutter müßen wenigstens von vorne bis hinter den Großmast und zwar 65 cm über und ebenfalls unter Wasser, die Beiboote von vorne bis zur Mitte und wenigstens 25 cm über und ebenso viel unter Wasser mit Eisenblech auf Filzunterlage benagelt sein, weil sie sonst leicht Beschädigungen durch Eisschollen ausgesetzt sind. Diese Verbesserung ist am Kutter „Memel" schon ausgeführt, wenn auch da noch nicht in genügendem Maße. Der Kutter „Ostsee" ist sogar mit Ausnahme des Bodens ganz in der Wasserlinie mit Eisenblech beschlagen, doch erscheint das als zu viel, da das Fahrzeug dadurch zu schwer belastet wird.

Um das Einhieven der Ankerketten zu erleichtern und etwaigen Beschädigungen der Bordwand vorzubeugen, wäre eine mehr vertikale Stellung der Ankerklüsen sehr wünschenswert. Bei der gegenwärtigen Einrichtung muß fast in jedem Jahr ein neues Ankertau beschafft werden. Durch die zu horizontale Lage der Klüsen wird, wenn die Kutter vor Anker liegen, in ganz kurzer Zeit die Außenkante der Klüse durch die Ankerkette durchscheuert und nicht weiter gehindert in das rohe Holz der Bordwand zu dringen. Liegt nun der Kutter vor der Trosse, so wird diese durch einen kurzen scharfen Knick und durch die beständige Bewegung des Fahrzeuges tüchtig mitgenommen. Anders würde es dagegen sein, wenn die Klüsen eine vertikalere Stellung erhielten. Das Ankerspill müßte dann etwas mehr nach vorne gesetzt und um 30 bis 35 cm erhöht werden. Zu wünschen blieb dann noch, daß die Winde so eingerichtet ist, daß jede Trommel für sich allein arbeitet, daß aber auch beide Trommeln durch eine Kuppelung vereinigt werden können. Für die Fischerei, besonders für die Lachsangelfischerei bildet das Bugspriet in seiner jetzigen Anordnung oft ein bedeutendes Hindernis. Es ist zwar auch jetzt einzuziehen, aber nicht leicht und nicht weit genug. Außerdem kommt es dabei auf die Kappe des Mannschaftsraumes zu liegen, der also dadurch unzugänglich wird. Am besten würde sich dieser Uebelstand wohl beseitigen lassen, wenn der Außenbügel des Bugspriets zum Aufklappen eingerichtet würde, so daß dann dasselbe leicht herauszunehmen und bei Seite zu legen wäre.

Ein großer Uebelstand hat sich beim Booteinsetzen herausgestellt. Da der Besansmast im Vergleich zum Großmast zu kurz ist, er besteht aus einer kurzen eisernen Röhre, die zugleich als Schornstein dient, so wird das Boot durch das hintere Takel so scharf an den Kutter herangezogen, daß das Einsetzen schon bei gutem Wetter schwierig, bei schlechtem Wetter fast unmöglich ist und zu Beschädigungen, wenn nicht gar zum Verluste des Beibootes führen kann. Das hat auch vielleicht mitgewirkt bei dem Unfall, welcher den Kutter „Memel" im Jahre 1904 traf. Dieser fischte bei NW.-Wind 2 Seemeilen vom Lande gegenüber Nidden am 7. Juni. Das

Beiboot war zur Fischerei ausgesetzt. Am Abend stellte sich heftiger Sturm und hohe See ein. Der Wind setzte nach SW. um. Die Steuerbordseite, an welcher das Boot aufgenommen wird, wurde luv, dazu kam die Schwierigkeit des Einsetzens, genug, das Aufnehmen des Bootes erwies sich als unmöglich. Beim Umlegen des Kutters nach Norden schlug dann das Beiboot voll und sank auf etwa 24 Meter Wassertiefe. Obendrein brach die Bugsierleine und es blieb nicht die Zeit, daran ein gutes Merkzeichen zu befestigen. Das Boot war verloren. Das Einsetzen des Beibootes würde ganz beträchtlich erleichtert werden, wenn am Besansmast ein Ladebaum angebracht würde, der das Hinterende des Bootes auf- und niederhißt. Dieser Ladebaum wäre so am Besansmast anzubringen, daß er für beständig dort bleibt, und sobald das Boot eingesetzt ist, durch eine Vorrichtung am Mast in aufrechter Stellung befestigt werden kann. Wenn diese kleinen Veränderungen ausgeführt sind, wird sich vom praktischen Standpunkte sowohl im allgemeinen als auch mit Rücksicht auf die Fischerei insbesondere gegen die Ausrüstung der Kutter nicht mehr viel sagen lassen.

Schluss.

Wirkung der Versuchsfischerei mit Motorkuttern auf die Fischerbevölkerung der Memeler Gegend und Ausblick auf die Zukunft.

Kaum hatte der Motorkutter „Memel" seine Tätigkeit begonnen, als sich auch schon eine große Erregung unter den Fischern zeigte. Besonders war es Mißgunst, welche diese Erregung hervorrief. Die anderen Fischer erkannten sogleich, daß die Kutterbesatzung ein bequemeres Leben und eine größere Sicherheit vor Gefahr hatte als sie selbst und doch ergiebigere Fänge dabei erzielte. Dazu kam die Furcht, daß für sie selbst nicht genug Fische bleiben möchten. Schon im August 1904 traten sie mit ganz unbegründeten Klagen über Betriebsstörung durch den Motorkutter an die Königliche Regierung heran. Sie wurden abgewiesen und die einsichtsvolleren Fischer kamen zu der Erkenntnis, daß einmal der Besitzer des Motorkutters „Memel" nicht nur bessere Fangergebnisse, sondern auch größere Ausgaben für Kutter und Mannschaft hatte als sie selbst, und daß zweitens auch für sie die Fischerei lohnender sein würde, wenn sie sich zur Anschaffung von Motorkuttern entschließen würden. Ich bin davon überzeugt, daß durch die Beschaffung von mehr Motorkuttern und die von dem Deutschen Seefischerei-Verein zu Hannover für gut befundenen

Grundnetze die so schädliche Zeise immer mehr verdrängt werden wird. Dadurch würde die Brut, welche nachweislich aus den oben weitgemaschten Netzen stets leicht entkommt, geschont werden. Der einsichtslosere Teil der Fischer blieb aber bis jetzt bei seiner Voreingenommenheit gegen die Motorfischerei. Wie weit eine stattgehabte Brandstiftung ein Symptom dieser Zustände war, läßt sich nicht mehr feststellen. Am 2. Oktober 1905, morgens $4^1/_2$ Uhr, wurde nämlich der Besitzer des Kutters „Memel", der im Fischereihafen lag, zu seinem Fahrzeug gerufen, weil dichter Qualm daraus hervordrang. Es war im Maschinenraum Feuer angelegt worden, nachdem das Vorlegeschloß der Tür aufgesprengt und an Deck geworfen war. Das Feuer wurde zwar bald gelöscht, es waren aber doch zwei Spanten verkohlt, einige andere angesengt, die Bün am Maschinenschott verbrannt und ein Decksbalken, sowie einige Maschinenteile vernichtet. Der Täter wurde nicht herausgefunden. Welch ein weiterer Schaden aber durch den Brand entstehen konnte, muß dem Täter wohl nicht ganz klar gewesen sein. Der ganze Fischereihafen war nämlich mit Lachskuttern und anderen Booten angefüllt. Hätte das Feuer mehr Nahrung gefunden, so würde nicht nur allein der Kutter „Memel", sondern auch eine bedeutende Anzahl anderer Fahrzeuge dabei vernichtet worden sein, zumal ein frischer NW.-Wind wehte und „Memel" westlich von sämtlichen Fahrzeugen im Hafen lag. Damit schien sich nun aber auch die Erregung der Fischer erschöpft zu haben. Es trat nicht nur Ruhe ein, sondern es fanden sich bald einige, welche zur Motorfischerei übergehen wollten. Wenn sie auch nicht den Memeltyp wählten, da sie sich vor dem großen Anlagekapital scheuten und wohl auch das Mißverhältnis zwischen Kuttergröße und Motorkraft erkannt hatten, das ja tatsächlich beim Kutter „Memel" und dem inzwischen hinzugekommenen Kutter „Köslin" vorhanden ist, so benutzten sie doch ihre eigenen kleineren, fast neuen und starken Kutter, um durch Einbau von Motoren ihr Ziel zu erreichen. Besonders günstig stellte sich die Sache für sie, weil der Einbau in Memel selbst geschehen konnte, da die hiesige Werft der Schiffszimmergenossenschaft die Sache übernahm. Die zuerst in Frage kommenden Kutter „Ostsee" und „Grete" waren auch selbst auf dieser Werft gebaut. Der letztere Kutter und ein Schwesterschiff desselben hatte sogar auf der Königsberger Gewerbeausstellung 1895 und Berliner Gewerbeausstellung 1896 die silberne Medaille erhalten. Der Einbau des Motors, der von derselben dänischen Aktiengesellschaft bezogen wurde, welche die Motoren für „Memel" und „Köslin" geliefert hatte, gelang unter meiner Leitung vortrefflich. Damit war die Bahn gebrochen. Schon ist auch für einen noch unbenannten Kutter ein zweizylindriger Motor beschafft und andere werden nachfolgen in Memel und wohl auch in Pillau, wo der Kutter „Anna" schon 1905 in einen Motorkutter umgewandelt worden ist. Nachdem nunmehr auch auf Veranlassung des Deutschen Seefischerei-Vereins für die Provinz Ostpreußen in der Fischerschule zu Memel ein besonderer Unterricht im Motorbetrieb begonnen worden ist, und die Aufnahme von Motorkuttern unter günstigen Bedingungen in der Fischereiversicherungskasse Memel stattgefunden hat, kann man mit Bestimmtheit annehmen, daß die Motorfischerei in Memel und überhaupt in der östlichen Ostsee sich mehr und mehr verbreiten und nicht wenig zur Hebung der Fischereibevölkerung und zur Förderung des Fischereigewerbes beitragen wird. Der Dank dafür gebührt in erster Reihe der bahnbrechenden Tätigkeit des Deutschen Seefischerei-Vereins.

Auszüge

aus den Schiffstagebüchern (Fangbüchern) der Motorkutter „Memel" und „Köslin".

Die sehr eingehenden und sachgemäßen Aufzeichnungen, welche die Führer der beiden Motorkutter in ihren Schiffstagebüchern über die Navigierung, den Betrieb und über die Fänge gemacht haben, werden jedem Fischer von Wert sein. Wir lassen daher die Auszüge folgen und bemerken zur Erläuterung:

I. Zu Spalte 3, 4, 5 und 6:
   a) Eine Fangreise schließt diejenige Zeit ein, während welcher ein Kutter für Fangzwecke in Bewegung war.
   b) Jeder auf einer Fangreise verbrachte Tag ist ein Fahrtag oder ein Betriebstag in See.
   c) Jeder Tag, an dem ein Kutter ausgerüstet und bemannt war, ohne durch Umbau oder Reparatur am Fange verhindert zu sein, ist ein Betriebstag.

II. Wo in Spalte 7 der Abstand von der Küste nicht angegeben ist, wird man ihn aus der Wassertiefe entnehmen können.

III. Zu Spalte 14 und 15 der Auszüge aus dem Fangbuch des „Memel": Der große Motor ist der Schiffsmotor, der kleine Motor ist der Beibootmotor.

IV. Wenn im vierten Kapitel auf Seite 23 angegeben ist, daß die Angaben in Spalte 14 und 15 des Memel-Fangbuches und in Spalte 13, 14, 15, 16 und 17 des Köslin-Fangbuches einander widersprechen, so wird das dem Wert der Tabellen wenig Abbruch tun.

V. Bei dem Durchlesen der Auszüge wird man den dem Werke beigegebenen Ausschnitt aus der Deutschen Admiralitätskarte S. 136 „Fischereikarte des mittleren Teils der Ostsee" stets zur Hand haben müssen.

Motorkutter „Memel".
Vom 8. Oktober 1903 bis zum 1. März 1907.

Motorkutter „Memel".

Laufende Nr.	Monat	Tag von	Tag bis	Betriebstage im Hafen	Betriebstage in See	Fangort	Fanggerät	Wind Richtung	Wind Stärke nach Beaufort	Wassertiefe in Meter und Grundbeschaffenheit	Strömung
1	2	3	4	5	6	7	8	9	10	11	12
	1903										
1	Oktober	8.	11.	4	—	—	—	—	—	—	—
2	„	12.	14.	—	3	N.N O. von Memel 16 S.M. ab und weiter	Scheernetz Snurrwade	Ost Nord	6—8 1—2	34 f. Sd.	—
3	„	15.	—	1	—	—	—	—	—	—	—
4	„	16.	20.	—	5	westlich von Memel und Schwarzort	Scheernetz	West N. z. O. b.O.N.O.	5—6	52—62 gr. Sd. u. Schlick	—
5	„	21.	25.	5	—	—	—	—	—	—	—
6	„	26.	30.	—	5	W. z. N. von Schwarzort	Snurrwade Scheernetz	S.S.O.	5	46—60 Schlick	Süd
7	„ November	31. —	— 1.	}	2	—	—	—	—	—	—
8	„	2.	4.	—	3	West von Schwarzort	Snurrwade Scheernetz	S.O. u. S.W.	5	58—40 Schlick	Süd
9	„	5.	6.	2	—	—	—	—	—	—	—
10	„	7.	—	—	1	W. z. S. von Schwarzort	Snurrwade Scheernetz	N.N.O.	3	56 gr. Sd.	Nord
11	„	8.	10.	3	—	—	—	—	—	—	—
12	„	11.	15.	—	5	Höhe von Schwarzort und südwestlicher	Scheernetz	West Nord N.W.	2 4—7 4	56—48 gr. Sd. Schlick	West u. Nord
13	„	16.	17.	2	—	—	—	—	—	—	—
14	„	18.	19.	—	2	West von Schwarzort	Scheernetz	N.W.	—	60—48 Schlick	S. und Nord
15	„	20.	27.	8	—	—	—	—	—	—	—
				27	24						

Motorkutter „Memel".

Zahl der gemachten Fangzüge	Betriebsstunden des großen Motors	Betriebsstunden des kleinen Motors	Fang an: Flunder Ctr.	Fang an: Dorsch Schck.	Fang an: Lachs St	Fang an: Stör Stück	Fang an: Breitling	Erlös in Mark	Monatserlös in Mark	Bemerkungen	Laufende Nr.
13	14	15	16	17	18	19	20	21	22	23	24
—	—	—	—	—	—	—	—	—	—	Reinigung und Reparatur des Motors.	1
2 Züge mit Scheernetz in 3 Std. 1 Zug m. Wade	6	1½	20 St.	—	—	—	—	—	—	Verlust einer Kurre und einer Strohleine.	2
—	—	—	—	—	—	—	—	—	—	Reparatur des Motors (Umsteuerung und Kolbenlager).	3
8 Züge mit dem Scheernetz	35	6	5,75	—	—	—	—	115,00	—		4
—	—	—	—	—	—	—	—	—	—	Kutter wurde aufgeschleppt, Leck gedichtet u. wieder zu Wasser gelassen.	5
17 Züge mit Scheernetz 4 Züge mit Wade	37	4	6,75	—	—	—	—	136,60	251,60		6
—	—	—	—	—	—	—	—	—	—	Stürmisch, Netze repariert.	7
2 Züge mit Wade 8 Züge mit Scheernetz	17	3	1	—	—	—	—	24,00	—	Scheernetz zerrissen.	8
—	—	—	—	—	—	—	—	—	—	Netze repariert.	9
2 Züge mit Wade 2 Züge mit Scheernetz	10	3	1,75	—	—	—	—	50,00	—	Scheernetz total zerrissen.	10
—	—	—	—	—	—	—	—	—	—	Stürm. Wetter.	11
11 Züge mit Scheernetz	37	—	3,50	—	—	—	—	97,60	—	Scheernetz nach dem 6. Zuge gerissen, aufgeholt, nach erfolgt. Rep. weiter gefischt.	12
—	—	—	—	—	—	—	—	—	—	Motor gereinigt und Netze repariert.	13
5 Züge mit Scheernetz	10	—	0,50	—	—	—	—	22,00	—		14
—	—	—	—	—	—	—	—	—	—	Netze ausgebes. Snurrwade und Leinen getrocknet und verstaut. Vorbereitungen zur Lachsangelfischerei getroffen.	15
62	152	17½	19,25 und 20 St.	—	—	—	—	445,20	251,60		

48 Motorkutter „Memel".

Laufende Nr.	Monat	Tag		Betriebstage		Fangort	Fanggerät	Wind		Wassertiefe in Meter und Grundbeschaffenheit	Strömung
		von	bis	im Hafen	in See			Richtung	Stärke nach Beaufort		
1	2	3	4	5	6	7	8	9	10	11	12
	Übertrag			27	24						
16	November	28.	—	—	1	W. z. S. von Schwarzort	Scheernetz	S S.O.	6—7	60 Schlick	Süd
17	„	29.	—	1	—	—	—	—	—	—	—
18	„	30.	—	—	1	West von Bärenkopf*)	Lachsangeln	Ost	3—4	40 Schlick	N.
19	Dezember	1.	2.	—	2	West von Bärenkopf	Lachsangeln Scheernetz	Ost	3—4	40 Schlick	N.
20	„	3.	5.	3	—	—	—	—	—	—	—
21	„	6.	10.	—	5	desgl.	desgl.	S.O.	5—6	40	Süd
22	„	11.	12.	2	—	—	—	—	—	—	—
23	„	13.	24.	—	12	desgl.	Lachsangeln Scheernetz Dorschnetze	S.O.	3	40	Süd
24	„	25.	26.	2	—	—	—	—	—	—	—
25	„	27.	29.	—	3	desgl.	Lachsangeln	S.O. bis S.W.	3—4	40	Süd
26	„	30.	—	1	—	—	—	—	—	—	—
27	„	31.	—	—	1	desgl.	desgl.	S.O.	2	40	Süd
28	**1904** Januar	1.	—	1	—	—	—	—	—	—	—
29	„	2.	5.	—	4	West von Bärenkopf	Lachsangeln Lachsnetze	S.O. bis S.S.O.	2—5	40	Süd
30	„	6.	—	1	—	—	—	—	—	—	—
31	„	7.	8.	—	2	desgl.	desgl.	S.O.	4—6	40	Süd
32	„	9.	10.	2	—	—	—	—	—	—	—
33	„	11.	12.	—	2	desgl.	Lachsangeln	S.W. bis S.O.	4—6	40	S.W.
34	„	13.	17.	5	—	—	—	—	—	—	—
35	„	18.	20.	—	3	desgl.	desgl.	S.O. bis S W.	2	40	Süd b. SW.
36	„	21.	22.	2	—	—	—	—	—	—	—
37	„	23.	27.	—	5	desgl.	desgl.	desgl.	2	40	Süd b. S.O.
38	„	28.	—	1	—	—	—	—	—	—	—
				48	65						

*) Bärenkopf ist in dem beigegebenen Ausschnitt der Deutschen Admiralitätskarte No. 136 nicht angegeben. Der Punkt muss in der Nähe von Schwarzort liegen.

Motorkutter „Memel".

Zahl der gemachten Fangzüge	Betriebsstunden des Motors		Fang an:					Erlös in	Monatserlös in	Bemerkungen	Laufende Nr.
	großen	kleinen	Flunder Ctr.	Dorsch Schck.	Lachs St	Stör Stück	Breitling	Mark	Mark		
13	14	15	16	17	18	19	20	21	22	23	24
62	152	17½	19,25 20 St.	—	—	—	—	445,20	251,60		
1 Zug mit Scheernetz.	5	—	0,25	—	—	—	—	6,00	—		16
—	—	—	—	—	—	—	—	—	—		17
—	—	5	—	—	—	—	—	—	—		18
									199,60		
Lachsangel nachgesch. 1 Zug mit Scheernetz.	8	—	0,16	—	—	—	—	—	—		19
—	—	—	—	—	—	—	—	—	—	Dorschnetze an Bord genommen u. Reparatur des Motors.	20
2 Züge mit Scheernetz	11	12	1,20	—	3	1 St. 27 kg	—	126,60	—		21
—	—	—	—	—	—	—	—	—	—		22
6 Züge mit Scheernetz	40	27	2,25	82 St.	10	—	—	804,70	—		23
—	—	—	—	—	—	—	—	—	—	Im Hafen.	24
—	—	—	—	—	7	—	—	294,20	—		25
—	—	—	—	—	7	—	—	—	—	Reparatur des Motors	26
—	8	4	—	—	9	—	—	364,00	—		27
									1089,50		
—	—	—	—	—	—	—	—	—	—		28
—	21	11	—	—	3	—	—	127,10	—		29
—	—	—	—	—	—	—	—	—	—		30
—	13	7	—	—	1	—	—	—	—		31
—	—	—	—	—	—	—	—	—	—		32
—	5	4	—	—	—	—	—	—	—		33
—	—	—	—	—	—	—	—	—	—	Lachsnetze geklärt u. getrocknet, stürmische Witterung.	34
—	11	13	—	52 St.	1	—	—	60,50	—		35
—	—	—	—	—	—	—	—	—	—		36
—	26	22	—	—	7	—	—	348,40	—		37
—	—	—	—	—	—	—	—	—	—	Stürmisch.	38
72	305	117½	23,11 und 20 St	134 St.	41	1 von 27 kg	—	2076,70	1540,70		

Motorkutter „Memel".

Laufende Nr.	Monat	Tag		Betriebstage		Fangort	Fanggerät	Wind		Wassertiefe in Meter und Grundbeschaffenheit	Strömung
		von	bis	im Hafen	in See			Richtung	Stärke nach Beaufort		
1	2	3	4	5	6	7	8	9	10	11	12
	Übertrag			48	65						
39	Januar	29.	30.	—	2	West von Bärenkopf	Lachsangeln	S O.	2	40	Süd
40	„	31.	—	1	—	—	—	—	—	—	—
41	Februar	1.	6.	—	6	West von Bärenkopf	Lachsangeln	O.S.O. u. S.S.O.	3—5	40	Süd u. S O
42	„	7.	—	1	—	—	—	—	—	—	—
43	„	8.	11	—	4	West von Bärenkopf, Höhe von Schwarzort	Lachsangeln Scheernetz	N.W. O S O. S S.O.	4—2	40—70 Schlick	Süd
44	„	12.	14.	3	—	—	—	—	—	—	—
45	„	15.	16.	—	2	West von Bärenkopf	desgl.	S.S.O. u. N.W	0—6	40	—
46	„	17.	—	1	—	—	—	—	—	—	—
47	„	18.	19	—	2	desgl.	Lachsangeln und Dorschnetze	S S.O bis West	4—2	40	Süd Nord
48	„	20.	22.	3	—	—	—	—	—	—	—
49	„	23.	26.	—	4	desgl. und W.N.W. von Nidden	Lachsangeln Dorschnetze Scheernetz	N.O. bis O.N.O.	2 2—6	40, 50 und 60 gr. Sd. Schlick	Ost
50	„	27.	28.	2	—	—	Keitel	—	—	—	—
51	„	29.	—	—	1	Dorschbank	Dorschangeln	O S.O.	5—6	—	—
52	März	1.	4.	—	4	West von Bärenkopf	Lachsangeln Keitel	O.S.O. N.O. Ost	5—6 2 4	40	Ost N.O.
53	„	5.	6.	2	—	—	—	—	—	—	—
54	„	7.	—	—	1	desgl.	—	O N.O.	2	40	S.O.
55	„	8.	—	1	—	—	—	—	—	—	—
56	„	9.	12.	—	4	Höhe von Schwarzort und Nidden	Dorschnetze Scheernetz	S.O. N.	2—4 2	59—24 gr. Sd. Schlick Steine	—
57	„	13.	—	1	—	—	—	—	—	—	—
				63	95						

Motorkutter „Memel".

Zahl der gemachten Fangzüge	Betriebsstunden des großen Motors	Betriebsstunden des kleinen Motors	Fang an: Flunder Ctr.	Fang an: Dorsch Schck	Fang an: Lachs St	Fang an: Stör Stück	Fang an: Breitling	Erlös in Mark	Monatserlös in Mark	Bemerkungen	Laufende Nr.
13	14	15	16	17	18	19	20	21	22	23	24
72	305	117½	23,11 und 20 St.	134 St.	41	1 von 27 kg	—	2076,70	1540,70		
—	9	10	—	—	1	—	—	—	—		39
—	—	—	—	—	—	—	—	—	536,00		40
—	17	18	—	—	1	—	—	64,00	—		41
—	—	—	—	—	—	—	—	—	—		42
3 Züge mit Scheernetz	15	9	0,30	—	2	—	—	70,00	—		43
—	—	—	—	—	—	—	—	—	—	Stürm. Witterung.	44
1 Zug mit Scheernetz	8	5	—	—	—	—	—	—	—		45
—	—	—	—	—	—	—	—	—	—		46
—	10	½	—	42 St.	1	—	—	39,90	—		47
—	—	4	—	—	—	—	—	—	—	Stürm. Witterung.	48
5 Züge mit Scheernetz	17	10	0,08	13 St	—	—	—	3,80	—		49
—	—	—	—	—	—	—	4 Schffl	—	—		50
—	2	—	—	—	—	—	—	—	177,70	Da zu viel Wind war, konnten die Dorschangeln nicht ausgelegt werden. Während der Nacht beigedreht.	51
2 Züge mit Keitel	17	9	—	—	—	—	35 kg	3,50	—		52
—	—	—	—	—	—	—	—	—	—		53
—	12	—	—	—	—	—	—	—	—	Beendigung der Lachsangelfischerei.	54
—	—	—	—	—	—	—	—	—	—		55
3 Züge mit Scheernetz	11	4	—	92 St.	—	—	—	3,50	—		56
—	—	—	—	—	—	—	—	—	—		57
86	423	187	23,49 und 20 St.	281 St.	46	1 von 27 kg	4 Schffl. 35 kg	2261,40	2254,40		

4*

52 Motorkutter „Memel".

Laufende Nr.	Monat	Tag von	Tag bis	Betriebstage im Hafen	Betriebstage in See	Fangort	Fanggerät	Wind Richtung	Wind Stärke nach Beaufort	Wassertiefe in Meter und Grundbeschaffenheit	Strömung
1	2	3	4	5	6	7	8	9	10	11	12
	Übertrag			63	95						
58	März	14.	19.	—	6	Höhe von Schwarzort	Lachsnetze Dorschnetze	Ost	1—2	62 Sd.	Süd
59	„	20.	—	1	—	—	—	—	—	—	—
60	„	21.	25.	—	5	desgl.	Lachsnetze Dorschnetze Scheernetz	OSO bis S.W.	2—4	42—50 Schlick St.	Süd
61	„	26.	—	1	—	—	—	—	—	—	—
62	„	27.	29.	—	3	—	Dorschnetze	—	—	—	—
63	„	30.	31.	2	—	—	—	—	—	—	—
64	April	1	4.	4	—	—	—	—	—	—	—
65	„	5	6.	—	2	West von Bärenkopf	Lachsnetze	Süd	2	48	Süd
66	„	7.	8.	2	—	—	—	—	—	—	—
67	„	9.	10	—	2	Höhe von Nidden	Lachsnetze Scheernetz	S.W	4	65 gr. T.	—
68	„	11.	—	1	—	—	—	—	—	—	—
69	„	12.	14	—	3	West von Memel etwa 12 Sm. Höhe von Nidden	Lachsangeln Dorschnetze	N.N.W. S.S.O. S.O.	2	60—48 St.	—
70	„	15.	17.	3	—	—	—	—	—	—	—
71	„	18.	30.	—	13	W.N.W. von Nidden	Dorschangeln	S.S.O. bis S.O.	2	48 St	—
72	Mai	1.	7.	—	7	W.N.W. von Nidden	Lachsnetz Dorschangeln Scheernetz	S.O.	2	46—50 St.	Süd
73	„	8.	—	1	—	—	—	—	—	—	—
74	„	9.	10.	—	2	Höhe von Nidden	Dorschangel	S.O.	2	50 St.	Süd
75	„	11.	12	2	—	—	—	—	—	—	—
76	„	13.	15.	—	3	desgl.	Snurrwade Dorschangeln Scheernetz	Nord	3	50 St.	N.
77	„	16	—	1	—	—	—	—	—	—	—
78	„	17.	19.	—	3	—	Scheernetz	—	—	—	—
				81	144						

Motorkutter „Memel."

Zahl der gemachten Fangzüge	Betriebsstunden des Motors großen	Betriebsstunden des Motors kleinen	Fang an: Flunder Ctr.	Fang an: Dorsch Schck.	Fang an: Lachs St.	Fang an: Stör Stück	Fang an: Breitling	Erlös in Mark	Monatserlös in Mark	Bemerkungen	Laufende Nr.
13	14	15	16	17	18	19	20	21	22	23	24
86	423	187	23,49 und 20 St	281 St.	46	1 von 27 kg	4Schffl. 35 kg	2261,40	2254,40		
—	6	12	—	158 St.	—	—	—	22,00	—		58
—	—	—	—	—	—	—	—	—	—		59
2 Züge mit Scheernetz	16	—	—	524 St.	—	—	—	35,40	—		60
—	—	—	—	—	—	—	—	—	—		61
—	—	—	—	27 St	—	—	—	—	—		62
—	—	—	—	—	—	—	—	—	64,40	Der Kutter wurde gründlich überholt, gereinigt u. gemalt. DerSchiffsmotor wurde auseinander genommen, versehen, gereinigt u. wieder zusammengesetzt.	63
—	—	—	—	—	—	—	—	—	—		64
—	9	—	—	—	—	—	—	—	—		65
2 Züge mit Scheernetz	11	—	60 St.	—		1 St. 13 kg	—	12,90	—		66
											67
—	31	—	—	780 Stck.	—	—	—	66,00	—		68
											69
—	—	—	—	—	—	—	—	—	—		70
—	72	—	—	2400 Stck.	—	—	—	182,00	260,90	Der Kutter ist während dieser Zeit fast täglich zum Hafen zurückgekehrt.	71
2 Züge mit Scheernetz	42	—	—	2280 Stck	—	—	—	193,60	—		72
—	—	—	—	—	—	—	—	—	—		73
—	12	—	—	1260 Stck.	—	—	—	114,00	—		74
—	—	—	—	—	—	—	—	—	—		75
5 Züge m.Wade, 3 Züge m. Scheernetz	10	—	240 Stck.	360 Stck.	—	—	—	31,80	—		76
—	—	—	—	—	—	—	—	—	—		77
2 Züge mit Scheernetz	—	—	60 St.	—	—	—	—	4,00	—		78
102	682	199	23,49 und 380 St.	8070 St.	46	2 St. von 40 kg	4Schffl. 35 kg	2923,10	2579,70		

Motorkutter „Memel".

Laufende Nr.	Monat	Tag von	Tag bis	Betriebstage im Hafen	Betriebstage in See	Fangort	Fanggerät	Wind Richtung	Wind Stärke nach Beaufort	Wassertiefe in Meter und Grundbeschaffenheit	Strömung
1	2	3	4	5	6	7	8	9	10	11	12
	Übertrag			81	144						
79	Mai	20.	23.	4	—	—	—	—	—	—	—
80	„	24.	31.	—	8	Höhe von Schwarzort Höhe von Perwelk und Nidden	Scheernetz Snurrwade	Nord	—	8—10 Sd.	N.
81	Juni	1.	4.	—	4	Höhe von Nidden	Scheernetz Snurrwade	still	—	12 Sd.	N.
82	„	5.	—	1	—	—	—	—	—	—	—
83	„	6.	17.	—	12	Höhe von Schwarzort, Perwelk und Nidden	desgl.	N. b. N.W. S.O.	3—6 2	8—24 Sd.	N. und S.
84	„	18.	19.	2	—	—	—	—	—	—	—
85	„	20.	22.	—	3	Höhe von Nidden	desgl.	N.O. Süd S.O.	1—2 2—3 1	8—20	N. S. S.
86	„	23.	24.	2	—	—	—	—	—	—	—
87	„	25.	30.	—	6	Längs der kurischen Nehrung	desgl.	N.W. über W. S. nach S.O.	1—4	12—22	N. S.
88	Juli	1.	2	—	2	Höhe von Nidden und Schwarzort	Scheernetz Snurrwade	S.O.	1—3	22 20	S.
89	„	3.	—	1	—	—	—	—	—	—	—
90	„	4.	9.	—	6	Längs der Nehrung	Scheernetz	N.	2—4	16—24	N.
91	„	10.	—	1	—	—	—	—	—	—	—
92	„	11.	16.	—	6	Längs der kurischen Nehrung	Snurrwade	West	1	16—20	S.
93	„	17.	—	1	—	—	—	—	—	—	—
				98	191						

Motorkutter „Memel".

Zahl der gemachten Fangzüge	Betriebsstunden des großen Motors	kleinen Motors	Fang an: Flunder Ctr.	Dorsch Schck.	Lachs St.	Stör Stück	Breitling	Erlös in Mark	Monatserlös in Mark	Bemerkungen	Laufende Nr.
13	14	15	16	17	18	19	20	21	22	23	24
102	632	199	23,49 und 380 St.	8070 St,	46	2 St von 40 kg	4 Schffl. 35 kg	2923,50	2579,70		
—	—	—	—	—	—	—	—	—	—	Reinigung u. Reparatur des Schiffsmotors.	79
8 Züge mit Scheernetz 24 Züge mit Wade	31	10	1,30	—	—	—	—	29,00	372,40		80
21 Züge mit Scheernetz 30 Züge mit Snurrwade	32	11	11,40	—	—	—	—	172,00	—		81
—	—	—	—	—	—	—	—	—	—		82
8 Züge mit Scheernetz 48 Züge mit Wade	142	—	15,50	—	—	—	—	341,00	—	Am 7. Juni ging das Motorbeiboot bei stürm. Wetter verloren. Es sank auf den Grund u. konnte trotz eifrigen Suchens nicht wieder gefunden werden.	83
—	—	—	—	—	—	—	—	—	—	Reinigung des Schiffsmotors.	84
4 Züge mit Scheernetz 21 Züge mit Wade	58	—	5	—	—	—	—	81,00	—		85
—	—	—	—	—	—	—	—	—	—	Stürm. Wetter.	86
10 Züge mit Scheernetz 39 Züge mit Wade	80	—	7	—	—	—	—	114,00	708,00		87
2 Züge mit Scheernetz 20 Züge mit Wade	22	—	9	—	—	—	—	144,00	—		88
—	—	—	—	—	—	—	—	—	—		89
12 Züge mit Scheernetz	62	—	18	—	—	—	—	333,00	—		90
—	—	—	—	—	—	—	—	—	—		91
50 Züge mit Wade	89	—	19	—	—	—	—	396,00	—		92
											93
399	1148	220	109,69 und 380 St.	8070 St.	46	2 St. von 40 kg	4 Schffl. 35 kg	4533,10	3660,10		

Motorkutter „Memel".

Laufende Nr.	Monat	Tag von	Tag bis	Betriebstage im Hafen	Betriebstage in See	Fangort	Fanggerät	Wind Richtung	Wind Stärke nach Beaufort	Wassertiefe in Meter und Grundbeschaffenheit	Strömung
1	2	3	4	5	6	7	8	9	10	11	12
	Übertrag			93	191						
94	Juli	18	29.	—	12	Längs der Nehrung und b. Pillau	Scheernetz Snurrwade	N.W. bis S.W.	1—5	28—56 Sd. u. Schlick	N. und S.
95	„	30.		—	1	—	—	—	—	—	—
96	„	31.		—	—	1	Auf der Reise von Pillau nach Memel	—	Nord 1—2	—	—
97	August	1.	5.	—	5	Höhe von Schwarzort u. Nidden	Snurrwade	N.W. bis S.W.	0—2	26—34 Sd.	N.
98	„	6	7.	2	—	—	—	—	—	—	—
99	„	8.	12.	—	5	Längs der Nehrung	Scheernetz	S.O., S, S.W. u. N.W.	3—5	30—44 Sd.	S. N.
100	„	13.	14	2	—	—	—	—	—	—	—
101	„	15.	16	—	2	West von Schwarzort u. Preil	Snurrwade Scheernetz	Nord West	2 6	40—36 Sd.	N.
102	„	17.		1	—	—	—	—	—	—	—
103	„	18.	19.	—	2	West von Schwarzort	Scheernetz	N.W.	4—5	36—44	N.
104	„	20.	22.	3	—	—	—.	—	—	—	—
105	„	23.	25.	—	3	West von Perwelk, Preil und Nidden	Snurrwade Scheernetz	N. u N.O.	1—5	18—24 Sd.	N.
106	„	26.		1	—	—	—	—	—	—	—
107	„	27.	28	—	2	West von Schwarzort	Snurrwade	N.O	1—2	34 Sd.	N.
108	„	29.		1	—	—	—	—	—	—	—
109	„	30.		—	1	West von Pillkoppen	Snurrwade	N.	2	14 Sd.	N.
110	„	31.		1	—	—	—	—	—	—	—
111	September	1.	2	—	2	West von Schwarzort	Snurrwade	Süd	1—2	30—34 Sd.	S.
112	„	3.		1	—	—	—	—	—	—	—
				106	226						

Motorkutter „Memel".

Zahl der gemachten Fangzüge	Betriebsstunden des großen Motors	Betriebsstunden des kleinen Motors	Fang an: Flunder Ctr.	Fang an: Dorsch Schck	Fang an: Lachs St	Fang an: Stör Stück	Fang an: Breitling	Erlös in Mark	Monatserlös in Mark	Bemerkungen	Laufende Nr.
13	14	15	16	17	18	19	20	21	22	23	24
399	1148	220	109,69 und 380 St 6,50	8070 St.	46	2 St. von 40 kg	4Schffl. 35 kg	4533,10 465,60	3660,10	Am 23. Juli nach Pillau gesegelt. Ankunft am 24. Juli nachmittags. Empfangnahme des neuen Motorbeiboots.	94
2 Züge mit Scheernetz	175	6									
56 Züge mit Wade											
—	—	—	—	—	—	—	—	—	—	In Pillau.	95
—	18	—	—	—	—	—	—	—	—		96
									1338,60		
58 Züge mit Wade	73	36	21	—	—	—	—	320,00	—		97
—	—	—	—	—	—	—	—	—	—		98
11 Züge mit Scheernetz	33	—	2,50	—	—	—	—	64,00	—		99
—	—	—	—	—	—	—	—	—	—	Reinigung des Schiffsmotors und Bootsmotors.	100
13 Züge mit Wade	15	4	1,50	—	—	—	—	30,00	—		101
2 Züge mit Scheernetz											
—	—	—	—	—	—	—	—	—	—		102
6 Züge mit Scheernetz	18	—	1	—	—	—	—	19,50	—		103
—	—	—	—	—	—	—	—	—	—	Schwerer N.W.-Sturm.	104
10 Züge mit Wade	28	4	2	—	—	—	—	60,00	—		105
4 Züge mit Scheernetz											
—	—	—	—	—	—	—	—	—	—		106
17 Züge mit Wade	21	10	4	—	—	—	—	10,00	—		107
—	—	—	—	—	—	—	—	—	—		108
18 Züge mit Wade	12	6	12	—	—	—	—	240,00	—		109
—	—	—	—	—	—	—	—	—	—		110
									834,50		
25 Züge mit Wade	25	10	8	—	—	—	—	196,00	—		111
—	—	—	—	—	—	—	—	—	—		112
621	1526	296	168,19 und 380 St	8070 St.	46	2 St. von 40 kg	4Schffl. 35 kg	6029,20	5833,20		

Motorkutter „Memel".

Laufende Nr.	Monat	Tag		Betriebstage		Fangort	Fanggerät	Wind		Wassertiefe in Meter und Grundbeschaffenheit	Strömung
		von	bis	im Hafen	in See			Richtung	Stärke nach Beaufort		
1	2	3	4	5	6	7	8	9	10	11	12
	Übertrag			106	226						
113	September	4.	5.	—	2	West von Perkwelk und Preil	Snurrwade Scheernetz	S.O.	0—5	40—42 Sd.	S.
114	„	6.	—	1	—	—	—	—	—	—	—
115	„	7.	8.	—	2	West von Schwarzort	Snurrwade	S.O.	1—2	42—44 Sd.	S.
116	„	9.	—	1	—	—	—	—	—	—	—
117	„	10.	11.	—	2	West von Schwarzort	Snurrwade	O. S.O.	1—2 1	42—46 Sd.	N.
118	„	12.	13.	2	—	—	—	—	—	—	—
119	„	14.	15.	—	2	desgl.	desgl.	N.O.	1—3	44 Sd.	N.
120	„	16.	—	1	—	—	—	—	—	—	—
121	„	17.	20.	—	4	desgl	Snurrwade u. Scheernetz	O. S.O.	1—6 5—6	40—44 Sd.	N. u. S.
122	„	21.	—	1	—	—	—	—	—	—	—
123	„	22.	24.	—	3	desgl.	Snurrwade	N.O. Stille Ost	1—2 0 1—2	40—43 Sd.	N.
124	„	25.	26.	2	—	—	—	—	—	—	—
125	„	27.	30.	—	4	—	Scheernetz	—	—	—	—
126	Oktober	1.	2.	2	—	—	—	—	—	—	—
127	„	3.	4.	—	2	West von Schwarzort und Nidden	Scheernetz Snurrwade	S.S.W. S.W.	4 4—5	44 66 Sd.	S.
128	„	5.	7.	3	—	—	—	—	—	—	—
				119	247						

Sa. vom 8. Oktober 1903 bis 7. Oktober 1904 = 366 Tage.

	1904										
1	Oktober	8.	10.	—	3	Schwarzort Preil	Scheerbrett Snurrwade	N.W. N.	4—5 1—2	44 52	N. N.
2	„	11.	13.	—	3	Pappensee *)	Dorschangeln	S.O. S.O.	2—3 4—5	80	S. S.
				—	6						

*) Pappensee Leuchtturm liegt 14 Seemeilen nördlich von Polangen.

Motorkutter „Memel".

Zahl der gemachten Fangzüge	Betriebsstunden des Motors		Fang an:					Erlös in	Monatserlös in	Bemerkungen	Laufende Nr.
	großen	kleinen	Flunder Ctr.	Dorsch Schck.	Lachs St	Stör Stück	Breitling	Mark	Mark		
13	14	15	16	17	18	19	20	21	22	23	24
671	1566	296	168,19 und 380 St	8070 St.	46	2 von 40 kg	4Schffl. 35 kg	6029,20	5833,20		
14 Züge mit Wade 3 Züge mit Scheernetz	15	5	6	—	—	—	—.	120,00	—		113
—	—	—	—	—	—	—	—	—	—		114
25 Züge mit Wade	24	10	7	—	—	—	—	140,00	—		115
—	—	—	—	—	—	—	—	—	—		116
25 Züge mit Wade	25	9	6	—	—	—	—	123,00	—		117
—	—	—	—	—	—	—	—	—	—	Stürm. Wetter, Reinigung des Schiffs- u. Boots-Motors.	118
20 Züge mit Wade	18	8	7	—	—	—	—	171,00	—		119
—	—	—	—	—	—	—	—	—	—		120
3 Züge mit Scheernetz 26 Züge mit Wade	29	8	9,50	—	—	—	—	210,00	—		121
—	—	—	—	—	—	—	—	—	—		122
40 Züge mit Wade	41	15	8,80	—	—	—	—	229,50	—		123
—	—	—	—	—	—	—	—	—	—	Überholung d. Schiffsmotors.	124
8 Züge mit Scheernetz	19	—	4,00	—	—	—	—	98,00	—		125
									1287,50		
—	—	—	—	—	—	—	—	—	—		126
6 Züge mit Scheernetz 8 Züge m.Wade	11	2	1,40	—	—	—	—	34,00	—		127
—	—	—	—	—	—	—	—	—	—		128
									34,00		
799	1748	853	217,89 u. 6½ Schck.	134½ (=8070 St)	46	2 von 40 kg	4Schffl. 35 kg	7154,70	7154,70		
9	10	18	1,50	—	—	—	—	45,00	—		1
—	26	5	—	6	—	—	—	90,00	—	Besteck zu den Dorschangeln wurde am Seestrande gefischt.	2
9	36	23	1,50	6	—	—	—	135,00	—		

Motorkutter „Memel".

Laufende Nr.	Monat	Tag		Betriebstage		Fangort	Fanggerät	Wind		Wassertiefe in Meter und Grundbeschaffenheit	Strömung
		von bis		im Hafen	in See			Richtung	Stärke nach Beaufort		
1	2	3	4	5	6	7	8	9	10	11	12
	Übertrag			—	6						
3	Oktober	14.	16.	—	3	Bärenkopf Schwarzort	Scheerbrettnetz und Snurrwade	S.O. S.W.	2—3 3—4	42 36	S. S.
4	„	17.	30.	14	—	—	—	—	—	—	—
5	„	31. 11.	1	—	2	Schwarzort	Dorschangeln	O.	1—2	44	S.
6	November	2	6.	5	—	—	—	—	—	—	—
7	„	7	9.	—	3	Nidden	desgl.	S O. S.W.	2—3 5—6	42	S.
8	„	10.	13.	4	—	—	—	—	—	—	—
9	„	14.	16.	—	3	desgl.	desgl.	S.S.O. S.W.	3—4 4—5	46	S.
10	„	17.	18.	2	—	—	—	—	—	—	—
11	„	19.	20.	—	2	Schwarzort	desgl.	S.S.O. S.W.	2—3 5—6	46	S.
12	„	21.	23.	3	—	—	—	—	—	—	—
13	„	24.	27.	—	4	Memel O. z. N.	Lachsangeln	S.O. S.W.	2—3 3—4	40 40	S. S.
14	„	28.	—	1	—	—	—	—	—	—	—
15	„	29.	3. 12.	—	5	Nidden und Memel	Dorsch- und Lachsangeln	Verschied. S W. Winde	2—3 u. 5—6	40 und 44	S.
16	Dezember	4.	11	8	—	—	—	—	—	—	—
17	„	12.	16.	—	5	Memel und Schwarzort	Dorsch- und Lachsangeln	S. und S.O	2—3 1—2	40 und 44	S.
18	„	17.	19	3	—	—	—	—	—	—	—
19	„	20.	22	—	3	W. ½ S. von Memel	Lachsangeln	N.W. S.W.	3—4 4—5	40	N. S.
20	„	23.	27.	5	—	—	—	—	—	—	—
21	„	28.	29	—	2	desgl.	desgl.	W.S.W	2—3	40	S.W.
22	„	30.	31.	2	—	—	—	—	—	—	—
23	**1905.** Januar	1.	3.	3	—						
				50	38						

Motorkutter „Memel".

Zahl der gemachten Fangzüge	Betriebsstunden des Motors		Fang an:					Erlös in Mark	Monatserlös in Mark	Bemerkungen	Laufende Nr.
	großen	kleinen	Flunder Ctr.	Dorsch Schck.	Lachs St	Stör Stück	Breitling				
13	14	15	16	17	18	19	20	21	22	23	24
9	36	23	1,50	6	—	—	—	135,00	—		
7	5	2	—	—	—	—	—	—	—	Keine Erträge.	3
—	—	—	—	—	—	—	—	—	—	Kutter zur Lachsangelfischerei eingerichtet. Bün gedichtet. Boden gereinigt und gestrichen.	4
—	12	—	—	14	—	—	—	200,00	—		5
									385,00		
—	—	—	—	—	—	—	—	—	—	Stürmische Witterung.	6
—	12	—	—	—	—	—	—	—	—	Keinen Fang. Sturmeshalber zurück.	7
—	—	—	—	—	—	—	—	—	—	Sturmeshalb. im Hafen.	8
—	12	—	—	7	—	—	—	115,00	—		9
—	—	—	—	—	—	—	—	—	—	desgl.	10
—	14	—	—	—	—	—	—	—	—	Keine Fänge. Sturmeshalb. zurück i. Hafen.	11
—	—	—	—	—	—	—	—	—	—	desgl.	12
—	32	—	—	—	2	—	—	62,00	—		13
—	—	—	—	—	—	—	—	—	—	Sturmeshalb. im Hafen.	14
—	22	—	—	—	—	—	—	—	—	Keine Fänge zu verzeichnen.	15
									177,00		
—	—	—	—	—	—	—	—	—	—	Sturmeshalb. im Hafen.	16
—	44	—	—	4	1	—	—	82,00	—		17
—	—	—	—	—	—	—	—	—	—	Sturmeshalb. im Hafen.	18
—	8	—	—	—	3	—	—	106,00	—		19
—	—	—	—	—	—	—	—	—	—	desgl.	20
—	6	—	—	—	—	—	—	—	—	Keine Fangergebnisse.	21
—	—	—	—	—	—	—	—	—	—	Sturmeshalb. im Hafen.	22
									188,00		
—	—	—	—	—	—	—	—	—	—	Sturmeshalb. im Hafen.	23
16	203	25	1,50	31	6	—	—	700,00	700,00		

Motorkutter „Memel".

Laufende Nr.	Monat	Tag von	Tag bis	Betriebstage im Hafen	Betriebstage in See	Fangort	Fanggerät	Wind Richtung	Wind Stärke nach Beaufort	Wassertiefe in Meter und Grundbeschaffenheit	Strömung
1	2	3	4	5	6	7	8	9	10	11	12
	Übertrag			50	38						
24	Januar	4.	—	—	1	W. ¹/₂ S. von Memel	Lachsangeln	S.O.	2—3	40	S.
25	„	5.	16.	12	—	—	—	—	—	—	—
26	„	17.	—	—	1	desgl.	desgl.	S.W.	4—5	40	S.
27	„	18.	—	1	—	—	—	—	—	—	—
28	„	19.	—	—	1	desgl.	desgl.	S.W.	3—4	40	S.
29	„	20.	29.	10	—	—	—	—	—	—	—
30	„	30.	31.	—	2	desgl.	desgl.	S.W. S O.	3—4 2—3	40	S.
31	Februar	1.	—	12	—	—	—	—	—	—	—
32	„	12.	13.	—	1	W. ¹/₂ S. von Memel	Lachsangeln	O. ¹/₂ N.	3—4	40	keine
33	„	14.	21.	8	—	—	—	—	—	—	—
34	„	22.	25.	—	4	W.N.W. von Nidden	Dorschangeln	S.O. u. O.S.O.	1—2	44	S.
35	„	26.	28.	3	—	—	—	—	—	—	—
36	März	1.	—	1	—	—	—	—	—	—	—
37	„	2.	4.	—	3	Nidden im O.S.O.	Dorschangeln	O.	1—2	46	—
38	„	5.	—	1	—	—	—	—	—	—	—
39	„	6.	7.	—	2	desgl.	desgl.	N.O.	1—2	46	N.
40	„	8.	10.	—	3	desgl.	desgl.	N O.	1—2	46	N.
41	„	11.	12.	2	—	—	—	—	—	—	—
42	„	13.	16.	—	4	desgl.	desgl.	S.	2—3	44	S.
43	„	17.	19.	—	3	desgl.	desgl.	S O.	1—2	46	S.
44	„	20.	21.	—	2	desgl.	desgl.	S.O.	1—2	44	S.
45	„	22.	24.	—	3	desgl.	desgl.	N.O.	2—3	44	S.
				100	68						

Motorkutter „Memel".

Zahl der gemachten Fangzüge	Betriebsstunden des großen Motors	kleinen	Fang an: Flunder Ctr.	Dorsch Schck.	Lachs St.	Stör Stück	Breitling	Erlös in Mark	Monatserlös in Mark	Bemerkungen	Laufende Nr.
13	14	15	16	17	18	19	20	21	22	23	24
16	203	25	1,50	31	6	—	—	700,00	700,00	Lachsangeln beködert. Keine Fangergebnisse.	24
—	10	—	—	—	—	—	—	—	—	Sturmeshalb. im Hafen gelegen. Den 11. wurden zwar Versuche zum Fischengehen gemacht, mussten aber aufgegeben werden.	25
—	8	—	—	—	—	—	—	—	—	Keine Fangerträge.	26
—	—	—	—	—	—	—	—	—	—	Sturmeshalb. im Hafen gelegen.	27
—	10	—	—	—	—	—	—	—	—	Keine Fangerträge.	28
—	—	—	—	—	—	—	—	—	—	Sturmeshalb. im Hafen gelegen.	29
—	14	—	—	—	—	—	—	—	—	Keine Fangerträge.	30
—	—	—	—	—	—	—	—	—	—	Sturmeshalb. im Hafen. Auch gestatteten die Eisverhältnisse ein Aussegeln nicht.	31
—	10	—	—	—	—	—	—	—	—	Die Lachsangeln waren durch Sturm und Eis gänzlich vernichtet u. vertrieben. Neues Zeug wurde nicht mehr gelegt.	32
—	—	—	—	—	—	—	—	—	—	Sturmeshalb. im Hafen. Am 16. wurden zwar Versuche nach See zu gehen gemacht, doch erfolglos.	33
—	12	—	—	10	—	—	—	120,00	—		34
—	—	—	—	—	—	—	—	—	120,00	Stürmische Witterung.	35
—	—	—	—	—	—	—	—	—	—	Sturmeshalb. im Hafen.	36
—	16	—	—	7	—	—	—	80,00	—		37
—	—	—	—	—	—	—	—	—	—	Im Hafen.	38
—	16	—	—	5	—	—	—	58,00	—		39
—	14	—	—	18	—	—	—	206,00	—		40
—	—	—	—	—	—	—	—	—	—	Stürm. Witterung.	41
—	11	—	—	9	—	—	—	108,00	—		42
—	6	—	—	7	—	—	—	86,00	—		43
—	14	—	—	9	—	—	—	92,00	—		44
—	25	—	—	30	—	—	—	337,00	—		45
16	369	25	1,50	126	6	—	—	1787,00	820,00		

Motorkutter „Memel".

Laufende Nr.	Monat	Tag		Betriebstage		Fangort	Fanggerät	Wind		Wassertiefe in Meter und Grundbeschaffenheit	Strömung
		von	bis	im Hafen	in See			Richtung	Stärke nach Beaufort		
1	2	3	4	5	6	7	8	9	10	11	12
	Übertrag			100	68						
46	März	25.	—	1	—	—	—	N.O.	—	—	—
47	„	26.	28	—	3	Nidden in O.S.O.	Dorschangeln	Stille	—	46	S.
48	„	29.	31.	—	3	desgl.	desgl.	N.O.	2	44	N.
49	April	1.	9	9	—	—	—	—	—	—	—
50	„	10.	12.	—	3	Pappensee (Rußland)	Dorschangeln	N.O.	4—5	40	N.
51	„	13.	14	—	2	desgl.	desgl.	N.O.	2—3	40	N.
52	„	15.	16.	2	—	—	—	—	—	—	—
53	„	17.	19.	—	3	desgl.	desgl.	W.	1—2	36	S.W.
54	„	20.	26	7	—	—	—	—	—	—	—
55	„	27	29	—	3	desgl.	desgl.	Stille	—	35	S.
56	„	30	—	—	1	desgl.	desgl	desgl.	—	38	N.
57	Mai	1.	—	—	1	Pappensee (Rußland)	Dorschangeln	Stille	1—2	38	N.
58	„	2.	3.	—	2	desgl.	desgl.	N.O.	2—3	40	N.
59	„	4	6.	—	3	desgl.	desgl.	N.O.	1—2	36	N.
60	„	7	—	1	—	—	—	—	—	—	—
61	„	8.	10	—	3	desgl.	desgl.	W.	1—2	40	S.
62	„	11.	13.	—	3	desgl.	desgl.	N.W.	Stille	36	N.
63	„	14.	—	1	—	—	—	—	—	—	—
64	„	15	17.	—	3	desgl.	desgl.	S.O.	2—3	38	S.
65	„	18.	20.	—	3	desgl.	desgl.	N.	4—5	36	N.
66	„	21.	24.	4	—	—	—	—	—	—	—
67	„	25.	27.	—	3	desgl.	desgl.	Stille	—	42	N.
68	„	28.	30.	—	3	desgl.	desgl.	S.O.	1—2	40	S.
69	„	31.	—	1	—	—	—	—	—	—	—
70	Juni	1.	3	—	3	Nidden in O.S.O.	Dorschangeln	N.	2—3	44	N.
71	„	4.	7.	—	4	desgl.	Snurrwade	Stille	—	16	S.
72	„	8.	10.	—	3	Preil	desgl.	N.O.	2—3	12	N.
73	„	11	12	2	—	—	—	—	—	—	—
74	„	13.	17	—	5	Nidden	desgl.	N.	1—2	12	N.
75	„	18.	19.	—	2	Bärenkopf	Snurrwade	Stille	—	12	S.
				128	127						

Motorkutter „Memel".

Zahl der gemachten Fangzüge	Betriebsstunden des Motors		Fang an:					Erlös in	Monatserlös in	Bemerkungen	Laufende Nr.
	gro-ßen	klei-nen	Flunder Ctr.	Dorsch Schck.	Lachs St.	Stör Stück	Breitling	Mark	Mark		
13	14	15	16	17	18	19	20	21	22	23	24
16	369	25	1,50	126	6	—	—	1787,00	820,00	Schlechte Witterung.	46
—	—	—	—	—	—	—	—	—	—		
—	17	—	—	3	—	—	—	32,00	—		47
—	29	—	—	11	—	—	—	126,00	—		48
									1125,00		
—	—	—	—	—	—	—	—	—	—	Wegen Sturm i. Hafen.	49
—	6	—	—	2	—	—	—	24,00	—		50
—	10	—	—	10	—	—	—	120,00	—		51
—	—	—	—	—	—	—	—	—	—	Unbeständiges Wetter im Hafen.	52
—	12	—	—	5	—	—	—	56,00	—		53
—	—	—	—	—	—	—	—	—	—	desgl.	54
—	18	—	—	12	—	—	—	138,00	—		55
—	16	—	—	—	—	—	—	—	—		56
									338,00		
—	—	—	—	3	—	—	—	38,00	—		57
—	10	—	—	10	—	—	—	120,00	—		58
—	14	—	—	12	—	—	—	140,00	—		59
—	—	—	—	—	—	—	—	—	—	Schiffsarbeiten verrichtet.	60
—	10	—	—	8	—	—	—	96,00	—		61
—	12	—	—	13	—	—	—	265,00	—		62
—	—	—	—	—	—	—	—	—	—	Im Hafen.	63
—	9	—	—	5	—	—	—	68,00	—		64
—	10	—	—	13	—	—	—	152,00	—		65
—	—	—	—	—	—	—	—	—	—	Sturmeshalb. im Hafen und nötige Schiffsarbeiten verrichtet.	66
—	16	—	—	5	—	—	—	64,00	—		67
—	12	—	—	2	—	—	—	28,00	—		68
—	—	—	—	—	—	—	—	—	—	Im Hafen.	69
									971,00		
—	15	—	—	10	—	—	—	112,00	—		70
53	36	18	7	—	—	—	—	200,00	—		71
13	20	6	3	—	—	—	—	92,00	—		72
—	—	—	—	—	—	—	—	—	—	Im Hafen.	73
67	50	21	3,50	—	—	—	—	110,00	—		74
18	12	6	1,25	—	—	—	—	40,00	—		75
167	703	76	16,25	250	6	—	—	3808,00	3254,00		

Motorkutter „Memel".

Laufende Nr.	Monat	Tag von	Tag bis	Betriebstage im Hafen	Betriebstage in See	Fangort	Fanggerät	Wind Richtung	Wind Stärke nach Beaufort	Wassertiefe in Meter und Grundbeschaffenheit	Strömung
1	2	3	4	5	6	7	8	9	10	11	12
	Übertrag			128	127						
76	Juni	20.	21.	—	2	Bärenkopf	Scheerbrettnetz	W.	3—4	14	S.
77	„	22. *)	23	—	2	Nidden im Osten	desgl. u. Snurrwade	S. u. West	1—2 4—5	12	S.
78	„	—	—	—	—	—	—	—	—	—	—
79	„	24.	30.	7	—	—	—	—	—	—	—
80	Juli	1.	9.	9	—	—	—	—	—	—	—
81	„	10.	12.	—	3	Nidden	Snurrwade	S.O.	1—2	16	S.
82	„	13.	15.	—	3	desgl.	desgl.	Ost	1—2	20	S.
83	„	16.	17.	2	—	—	—	—	—	—	—
84	„	18	20.	—	3	desgl.	desgl.	S.	2—4	24	S.
85	„	21.	22.	—	2	desgl.	desgl.	S.O.	1—2	22	S
86	„	23.	—	1	—	—	—	—	—	—	—
87	„	24	26.	—	3	Preil	desgl.	S.O.	2—4	20	S.
88	„	27	28.	—	2	desgl	desgl.	S.O.	—	—	S.
89	„	29.	31	3	—	—	—	—	—	—	—
90	August	1.	—	1	—	—	—	—	—	—	—
91	„	2.	4	—	3	Schwarzort	Snurrwade	S.W.	2—3	36	S.
92	„	5.	—	—	1	desgl	desgl.	S.	2	36	S.
93	„	6.	—	1	—	—	—	—	—	—	—
94	„	7.	8.	—	2	desgl.	desgl.	Stille	—	36	—
95	„	9.	10	—	2	desgl.	desgl	desgl.	—	36	S.
96	„	11.	13	—	3	desgl.	desgl.	desgl.	—	36	S.
97	„	14	16.	—	3	desgl.	desgl.	O.	1—2	40	S.
98	„	17.	19.	—	3	desgl.	desgl.	O.	1—2	40	S.
				152	164						

*) Die am 22. Juni 1905 erfolgte Strandung des Kutters „Memel" nahe Schwarzort ist auf Seite 14 und 15 geschildert. Man wird gut tun, den diesem Werke beiliegenden Ausschnitt aus der Deutschen Admiralitätskarte Nr. 136 „Fischereikarte des mittleren Teils der Ostsee" zur Hand zu nehmen, um daraus zu ersehen, wie dicht unter der Nehrungsküste der Kutter mit der Scheerbretter-Zeese gefischt hat.

In seinem Bericht gibt der Führer unter anderem an, der Kutter sei mit dem Hintersteven auf die dort befindliche Bank gestoßen. Damit ist jedenfalls eins der

Zahl der gemachten Fangzüge	Betriebsstunden des Motors groß	Betriebsstunden des Motors klein	Fang an: Flunder Ctr.	Fang an: Dorsch Schck.	Fang an: Lachs St.	Fang an: Stör Stück	Fang an: Breitling	Erlös in Mark	Monatserlös in Mark	Bemerkungen	Laufende Nr.
13	14	15	16	17	18	19	20	21	22	23	24
167	703	76	16,25	250	6	—	—	3808,00	3254,00		
3	18	—	1,75	—	—	—	—	50,00	—		76
1+10	10	—	0,50	—	—	—	—	17,00	—		77
—	—	—	—	—	—	—	—	—	—		78
—	—	—	—	—	—	—	—	—	621,00	Reparaturen, welche der Kutter durch die Strandung erlitten, ausgeführt.	79
—	—	—	—	—	—	—	—	—	—	desgl.	80
20	26	12	2,50	—	—	—	—	74,00	—		81
18	20	9	2,00	—	—	—	—	60,00	—		82
—	—	—	—	—	—	—	—	—	—	Im Hafen.	83
28	22	15	5,00	—	—	—	—	140,00	—		84
23	20	12	6,00	—	—	—	—	184,00	—		85
—	—	—	—	—	—	—	—	—	—	Im Hafen.	86
24	26	12	5,00	—	—	—	—	148,00	—		87
22	28	12	6,00	—	—	—	—	186,00	—		88
—	—	—	—	—	—	—	—	—	792,00	Stürm. Witterung. Im Hafen.	89
—	—	—	—	—	—	—	—	—	—	desgl.	90
12	9	15	3,00	—	—	—	—	96,00	—		91
18	15	—	7,00	—	—	—	—	206,00	—		92
—	—	—	—	—	—	—	—	—	—	Im Hafen.	93
18	15	9	7,00	—	—	—	—	212,00	—		94
22	17	9	7,00	—	—	—	—	214,00	—		95
31	18	12	12,00	—	—	—	—	354,00	—		96
24	30	12	3,00	—	—	—	—	84,00	—		97
28	46	15	9,00	—	—	—	—	274,00	—		98
469	1023	220	93,00	250	6	—	—	6107,00	4667,00		

Riffe gemeint, welche der Küste vorgelagert sind; siehe Seite 34 und 35 der Schrift: „Rettungs- und Hilfsmittel in Seenot, sowie Winke für die Handhabung von Seefischereifahrzeugen und Booten". Sonderabdruck aus dem Deutschen Seefischerei-Almanach für 1903. Herausgegeben vom Deutschen Seefischerei-Verein. Verfaßt von R.'Dittmer, Kapitän zur See a. D. Hahn'sche Buchhandlung. Hannover und Leipzig. 1903. Preis 10 Pfennig.

Deutscher Seefischerei-Verein.

Motorkutter „Memel".

Laufende Nr.	Monat	Tag		Betriebstage		Fangort	Fanggerät	Wind		Wassertiefe in Meter und Grundbeschaffenheit	Strömung
		von bis	im Hafen		in See			Richtung	Stärke nach Beaufort		
1	2	3	4	5	6	7	8	9	10	11	12
	Übertrag			152	164						
99	August	20.	—	1	—	—	—	—	—	—	—
100	„	21.	23.	—	3	Schwarzort	Snurrwade	O.	2—3	44	S.
101	„	24.	26.	—	3	desgl.	desgl.	S.W.	4—5	44	S.
102	„	27.	—	1	—	—	—	—	—	—	—
103	„	28.	30.	—	3	desgl.	desgl.	S.S.W.	3—4	48	S.
104	„	31.	—	1	—	—	—	—	—	—	—
105	September	1.	5.	5	—	—	—	—	—	—	—
106	„	6.	9.	—	4	Schwarzort	Snurrwade	S.S.W.	3—4	56	S.
								S.S.W.	1—2	56	S.
107	„	10.	11.	2	—	—	—	—	—	—	—
108	„	12.	14.	—	3	desgl.	desgl.	N.O	1—2	54	N.
109	„	15.	16.	—	2	desgl.	desgl.	N O.	1—2	54	N.
110	„	17.	18.	2	—	—	—	—	—	—	—
111	„	19.	21.	—	3	desgl.	desgl.	W.	1—2	52	S.
112	„	22.	23.	—	2	desgl.	desgl.	S.W.	1—2	50	S.
113	„	24.	—	1	—	—	—	—	—	—	—
114	„	25.	26.	—	2	Nidden	desgl.	S.O.	6	66	S.
115	„	27	29.	—	3	desgl.	Scheerbrettnetz und Dorschangeln Dorschangeln	S.S.O. O.N.O.	4 6	50	S.
116	„	30.	—	1	—	—	—	—	—	—	—
117	Oktober	1. *)	7.	7	—	—	—	—	—	—	—
				173	192						

Sa. v. 8. Oktober 1904 bis 7. Oktober 1905 = 365 Tage.

	1905										
1	Oktober	8.	10.	3	—	—	—	—	—	—	—
2	„	11.	13.	—	3	Nidden	Dorschangeln	N.O.	1—2	46	N.
				3	3						

*) Am Morgen des 2. Oktober, 4¹/₂ Uhr, wurde mir von einem meiner Leute die Mitteilung, daß der Kutter im Maschinenraum brannte. Sofort war ich an Ort und Stelle und begann mit Hilfe einiger Fischer mit dem Löschen. Nachdem der Maschinenraum halb mit Wasser gefüllt und ein weiterer Brand nicht mehr zu befürchten war, wurde der Kutter wieder leer gepumpt und Fischmeister Siebolds von Geschehenem in Kenntnis gesetzt und dem zuständigen Gendarmen Anzeige erstattet, da Brandstiftung vorlag, denn das Vorhängeschloß, mit welchem der Maschinenraum verschlossen, war

Motorkutter „Memel".

Zahl der gemachten Fangzüge	Betriebsstunden des Motors		Fang an:					Erlös in Mark	Monatserlös in Mark	Bemerkungen	Laufende Nr.
	großen	kleinen	Flunder Ctr.	Dorsch Schck.	Lachs St	Stör Stück	Breitling				
13	14	15	16	17	18	19	20	21	22	23	24
469	1023	220	93,00	250	6	—	—	6107,00	4667,00		
—	—	—	—	—	—	—	—	—	—	Im Hafen.	99
22	27	12	7,00	—	—	—	—	210,00	—		100
20	18	6	5,00	—	—	—	—	148,00	—		101
—	—	—	—	—	—	—	—	—	—	Im Hafen.	102
9	26	6	3,00	—	—	—	—	82,00	—		103
—	—	—	—	—	—	—	—	—	—	Sturmeshalb. im Hafen.	104
									1880,00		
—	—	—	—	—	—	—	—	—	—	Sturmeshalb. im Hafen.	105
30	30	15	7,00	—	—	—	—	212,00	—		106
—	—	—	—	—	—	—	—	—	—	Sturmeshalb. im Hafen.	107
13	15	9	4,00	—	—	—	—	114,00	—		108
26	30	15	6,00	—	—	—	—	186,00	—		109
—	—	—	—	—	—	—	—	—	—	Im Hafen.	110
23	28	12	3,00	—	—	—	—	86,00	—		111
15	20	9	2,00	—	—	—	—	68,00	—		112
—	—	—	—	—	—	—	—	—	—	Im Hafen.	113
1+1	10	—	—	—	—	—	—	—	—	Keinen Fang gemacht.	114
—	23	—	—	11	—	—	—	133,00	—		115
—	—	—	—	—	—	—	—	—	—	Im Hafen.	116
									799,00		
—	—	—	—	—	—	—	—	—	—	Zimmerarbeiten im Hafen ausgeführt.	117
629	1250	304	130,00	261	6	—	—	7346,00	7346,00		
—	—	—	—	—	—	—	—	—	—	Im Hafen.	1
—	—	—	—	8	—	—	—	94,00	—	Kutter liegt noch in Reparatur: mit dem Beiboot fischen gewesen.	2
—	—	—	—	8	—	—	—	94,00	—		

gesprengt und auf Deck geworfen. Der Brandschaden wurde von Fischmeister Siebolds und mir besichtet und festgestellt, daß mit dem Kutter weiter die Fischerei auszuüben nicht möglich war, blieben daher im Hafen liegen und verrichteten nötige Schiffsarbeiten. Folgende Schäden wurden festgestellt: Zwei Spanten ganz verkohlt und eine angebrannt, das Bün und Maschinenschoot ziemlich ganz verbrannt, sowie ein Decksbalken und verschiedene Teile an der Maschine vernichtet. Am 3. wurde der Kutter nach dem Zimmerplatz geholt, auf Land zur Reparatur gezogen. Bis 7. Boden gereinigt und gestrichen.

Motorkutter „Memel".

Laufende Nr.	Monat	Tag		Betriebstage		Fangort	Fanggerät	Wind		Wassertiefe in Meter und Grundbeschaffenheit	Strömung
		von	bis	im Hafen	in See			Richtung	Stärke nach Beaufort		
1	2	3	4	5	6	7	8	9	10	11	12
	Übertrag			3	3						
3	Oktober	14.	19.	6	—	—	—	—	—	—	—
4	„	20.	21.	—	2	Holländische Mütze	Dorschangeln	N.	2—3	24	N.
5	„	22.	23.	2	—	—	—	—	—	—	—
6	„	24.	25.	—	2	desgl.	desgl.	O.	1—2	26	N.
7	„	26.	31.	6	—	—	—	—	—	—	—
8	November	1.	4.	—	4	Nidden	Dorschangeln	S.O.	3—4	40	S.
9	„	5.	7.	3	—	—	—	—	—	—	—
10	„	8.	12.	—	5	desgl.	desgl.	S.O. und O.	1—2 3—4	48 43	S.
11	„	13.	15.	3	—	—	—	—	—	—	—
12	„	16.	18.	—	3	desgl.	desgl.	O. N.W.	1—2 3—4	43 43	N. N.
13	„	19.	29.	11	—	—	—	—	—	—	—
14	„	30.	—	—	1	desgl.	desgl.	N.O.	1—2	43	N.
15	Dezember	1.	2.	—	2	Nidden	Dorschangeln	N.O.	1—2	43	N.
16	„	3.	—	1	—	—	—	—	—	—	—
17	„	4.	7.	—	4	desgl.	desgl.	S.S.O. S.W.	1—2 5—6	43 43	S.
18	„	8.	11.	4	—	—	—	—	—	—	—
19	„	12.	—	—	1	—	—	S.W.	6—7	—	—
20	„	13.	18.	6	—	—	—	—	—	—	—
21	„	19	—	—	1	—	—	S.W.	5—6	—	—
22	„	20.	21	2	—	—	—	—	—	—	—
23	„	22.	—	—	1	—	—	N.W.	2—3	—	—
24	„	23.	31.	9	—	—	—	—	—	—	—
				56	29						

Motorkutter „Memel".

Zahl der gemachten Fangzüge	Betriebsstunden des Motors		Fang an:					Erlös in Mark	Monatserlös in Mark	Bemerkungen	Laufende Nr.
	großen	kleinen	Flunder Ctr.	Dorsch Schck.	Lachs St	Stör Stück	Breitling				
13	14	15	16	17	18	19	20	21	22	23	24
—	—	—	—	8	—	—	—	94,00	—		
—	—	—	—	—	—	—	—	—	—	Schiffsarbeiten am Kutter verrichtet.	3
—	—	—	—	4½	—	—	—	52,00	—	Mit dem Beiboot gefischt.	4
—	—	—	—	—	—	—	—	—	—	Im Hafen.	5
—	—	—	—	—	—	—	—	30,00	—	Mit dem Beiboot auf Dorsche gefischt.	6
—	—	—	—	—	—	—	—	—	—	Zimmerarbeiten sind mittlerweile beendet, und ist der Kutter wieder seetüchtig.	7
									176.00		
—	9	—	—	2	—	—	—	22,00	—		8
—	—	—	—	—	—	—	—	—	—	Im Hafen. Stürmische Witterung.	9
—	11	—	—	17	—	—	—	202,00	—		10
—	—	—	—	—	—	—	—	—	—	Sturmeshalb. im Hafen.	11
—	20	—	—	12	—	—	—	146 00	—		12
—	—	—	—	—	—	—	—	—	—	desgl.	13
—	—	—	—	—	—	—	—	—	—		14
									370,00		
—	8	—	—	7	—	—	—	88,00	—		15
—	—	—	—	—	—	—	—	—	—	Im Hafen.	16
—	16	—	—	9½	—	—	—	116,00	—		17
—	—	—	—	—	—	—	—	—	—	Sturm, im Hafen geblieben.	18
—	4	—	—	—	—	—	—	—	—	Sturmeshalber wieder nach dem Hafen zurück.	19
—	—	—	—	—	—	—	—	—	—	Sturmeshalb. im Hafen	20
—	4	—	—	—	—	—	—	—	—	Zur Dorsch-Fischerei ausgefahren u. wegen Sturm wieder zurück.	21
—	—	—	—	—	—	—	—	—	—	Stürmische Witterung.	22
—	8	—	—	—	—	—	—	—	—	Verloren gegangene Dorschangeln gesucht, nicht gefunden und daher wieder nach dem Hafen zu	23
—	—	—	—	—	—	—	—	—	—	Im Hafen sturmeshalb.	24
									204,00		
—	80	—	—	60	—	—	—	750,00	750,00		

Motorkutter „Memel".

Laufende Nr.	Monat	Tag von	Tag bis	Betriebstage im Hafen	Betriebstage in See	Fangort	Fanggerät	Wind Richtung	Wind Stärke nach Beaufort	Wassertiefe in Meter und Grundbeschaffenheit	Strömung
1	2	3	4	5	6	7	8	9	10	11	12
	Übertrag			56	29						
	1906										
25	Januar	1.	8.	8	—	—	—	S.O. S.W.	Sturm Sturm	—	—
26	„	9.	12.	—	4	Nidden	Dorschangeln	S.O. W.S.W.	1—2—6	46	S.
27	„	13.	21.	9	—	—	—	—	—	—	—
28	„	22.	23.	—	2	Memel in O. ½ N.	Lachsangeln	N.O. S.S.W.	1—2 5—6	44 44	N. S.
29	„	24.	29.	6	—	—	—	—	—	—	—
30	„	30.	31.	—	2	desgl.	desgl.	W. N.	1—2 1—2	44 44	S. N.
31	Februar	1.	4.	4	—	—	—	—	—	—	—
32	„	5.	—	—	1	Memel in O. ½ N.	Lachsangeln	S.S O.	1—2	44	S.
33	„	6.	7.	—	2	Nidden	Dorschangeln	S.O.	3—4	46	S.
34	„	8.	10.	—	3	Memel in O. ½ N.	Lachsangeln	S.O. S. u. W.	1—2 4—5 4—5	44 44 44	S.
35	„	11.	13.	3	—	—	—	—	—	—	—
36	„	14.	—	—	1	Memel in O. ½ N.	Lachsangeln	S.O.	5—6	44	S.
37	„	15.	—	1	—	—	—	—	—	—	—
38	„	16.	—	—	1	desgl.	desgl.	S.S.O.	2—3	44	S.
39	„	17.	18.	2	—	—	—	—	—	—	—
40	„	19	—	—	1	desgl.	desgl.	S.O.	1—2	44	S.
41	„	20.	22.	—	3	Nidden	Dorschangeln	S.O.	1—2	46	S.
42	„	23.	24.	—	2	Memel O. ½	Lachsangeln	S.O.	3—4	44	S.
43	„	25.	—	1	—	—	—	—	—	—	—
44	„	26.	—	—	1	desgl.	desgl.	S.O	5—6	44	S.
45	„	27.	—	—	1	desgl.	desgl.	S.	2—3	44	S.
46	„	28	—	—	1	Nidden	Dorschangeln	W.	flau	46	S.
47	März	1.	2.	—	2	Nidden	Dorschangeln	S.S.W.	3—4	46	S.
48	„	3.	22.	20	—	—	—	—	—	—	—
49	„	23.	25.	—	3	desgl.	desgl.	O. N.	6—7 1—2	48 48	N N.
				110	59						

Motorkutter „Memel."

Zahl der gemachten Fangzüge	Betriebsstunden des großen Motors	Betriebsstunden des kleinen Motors	Fang an: Flunder Ctr.	Fang an: Dorsch Schck.	Fang an: Lachs St.	Fang an: Stör Stück	Fang an: Breitling	Erlös in Mark	Monatserlös in Mark	Bemerkungen	Laufende Nr.
13	14	15	16	17	18	19	20	21	22	23	24
.	80	—		60		—	—	750,00	750,00		
—	4	—	—	—	—	—	—	—	—	Sturmeshalb. im Hafen Am 2ten Versuche mit dem Sprottnetz gemacht, keine Fangergebnisse.	25
—	18	—	—	7½	—	—	—	92,00	—		26
—	—	—	—	—	—	—	—	—	—	Sturmeshalb. im Hafen gelegen.	27
—	13	—	—	—	—	—	—	—	—	Bei der Lachsangelfischerei, keine Erträge.	28
—	—	—	—	—	—	—	—	—	—	Sturmeshalb. im Hafen	29
—	13	—	—	—	—	4	—	102,00	—	.	30
									194,00		
—	—	—	—	—	—	—	—	—	—	Sturmeshalb. im Hafen.	31
—	—	—	—	—	1	—	—	34,00	—		32
	14	—	—	6	—	—	—	74,00	—		33
	7	—	—	—	12	—	—	434,00	—		34
										Sturmeshalb. im Hafen.	35
	3	—	—	—	3	—	—	70,00	—		36
										Sturmeshalb. im Hafen. Keine Fangerträge.	37
	3										38
										Sturmeshalb. im Hafen. Keine Fangerträge.	39
	3	—	—	—	—	—	—	—	—		40
	18	—	—	12	—	—	—	148,00			41
	16	—	—	—	3	—	—	60,00	—		42
										Im Hafen.	43
										Keine Fangerträge.	44
	5	—	—	—	2	—	—	54,00	—		45
											46
									874,00		
	16	—	—	6½	—	—	—	80,00	—		47
										Die ganze Zeit sturmeshalber im Hafen gelegen.	48
	14	—	—	—	—	—	—	—	—	Keine Fangergebnisse.	49
—	227	—	—	92	25	—	—	1898,00	1818,00		

Motorkutter „Memel".

Laufende Nr.	Monat	Tag		Betriebstage		Fangort	Fanggerät	Wind		Wassertiefe in Meter und Grundbeschaffenheit	Strömung
		von	bis	im Hafen	in See			Richtung	Stärke nach Beaufort		
1	2	3	4	5	6	7	8	9	10	11	12
	Übertrag			110	59						
50	März	26.	28.	—	3	Holländische Mütze	Dorschangeln	N.	2—3	26	N
51	„	29.	—	1	—	—	—	—	—	—	—
52	„	30.	31	—	2	Nidden	desgl.	N.W.	3—4	24	N.
53	April	1.	—	1	—	—	—	—	—	—	—
54	„	2.	3.	—	2	Nidden	Dorschangeln	N.W. S.W.	flau 1—2	48 48	N. N.
55	„	4.	6.	—	3	desgl.	desgl.	S.W.	1—2	48	S.
56	„	7.	8.	2	—	—	—	—	—	—	—
57	„	9.	12.	—	4	desgl	desgl.	W.	1—2	—	S
58	„	13.	16.	4	—	—	—	—	—	—	—
59	„	17.	19.	—	3	desgl.	desgl.	S.O	2—3	48	S.
60	„	20.	—	—	1	Pappensee (Rußland)	Dorschangeln	N.N.O	2	36	N.
61	„	21	—	1	—	—	—	—	—	—	—
62	„	22.	24.	—	3	desgl.	desgl.	N.N.O.	2—3	36	N.
63	„	25.	—	1	—	—	—	—	—	—	—
64	„	26.	28.	—	3	desgl.	desgl.	N.	3—4	40	N.
65	„	29.	30.	—	2	desgl.	desgl.	N.O.	1—2	38	N.
66	Mai	1.	2.	—	2	Pappensee (Rußland)	Dorschangeln	W.	—	40	—
67	„	3.	4.	—	2	desgl.	desgl.	N.W.	1—2	36	N.
68	„	5.	—	1	—	—	—	—	—	—	—
69	„	6.	9.	—	4	desgl.	desgl.	W.	1—2	38	—
70	„	10.	12.	—	3	desgl.	desgl.	Still	—	40	—
71	„	13.	—	1	—	—	—	—	—	—	—
72	„	14.	16.	—	3	desgl.	desgl.	N.O.	2—3	40	N.
73	„	17.	19.	—	3	desgl.	desgl.	N	1—2	38	N.
74	„	20.	23.	4	—	—	—	—	—	—	—
75	„	24.	26.	—	3	desgl.	desgl.	N.W.	1—2	38	N.
76	„	27.	31.	5	—	—	—	—	—	—	—
77	Juni	1.	2.	—	2	Pappensee (Rußland)	Dorschangeln	N.W.	2—3	40	N
78	„	3.	6.	4	—	—	—	—	—	—	—
79	„	7.	9.	—	3	desgl.	desgl.	O.	1—2	42	N.
80	„	10.	—	1	—	—	—	—	—	—	—
81	„	11.	13.	—	3	Richtung Bärenkopf	Snurrwade	O.	1—2	18	—
				136	113						

Motorkutter „Memel".

Zahl der gemachten Fangzüge	Betriebsstunden des großen Motors	Betriebsstunden des kleinen Motors	Flunder Ctr.	Dorsch Schck.	Lachs St.	Stör Stück	Breitling	Erlös in Mark	Monatserlös in Mark	Bemerkungen	Laufende Nr.
13	14	15	16	17	18	19	20	21	22	23	24
—	227	—	—	92	25	—	—	1898,00	1818,00		
—	10	—	—	5	—	—	—	58,00	—		50
—	—	—	—	—	—	—	—	—	—	Im Hafen.	51
—	10	—	—	—	—	—	—	—	—	Keine Fangerträge.	52
									138,00		
—	—	—	—	—	—	—	—	—	—	Im Hafen.	53
—	20	—	—	6	—	—	—	72,00	—		54
—	22	—	—	3¹/₄	—	—	—	40 00	—		55
—	—	—	—	—	—	—	—	—	—	Sturmeshalb. im Hafen.	56
—	60	—	—	—	—	—	—	182,00	—		57
—	—	—	—	—	—	—	—	—	—	Sturmeshalb. im Hafen.	58
—	19	—	—	10	—	—	—	124,00	—		59
—	12	—	—	7	—	—	—	92,00	—		60
—	—	—	—	—	—	—	—	—	—	Im Hafen.	61
—	25	—	—	2	—	—	—	28,00	—		62
—	—	—	—	—	—	—	—	—	—	desgl.	63
—	27	—	—	6	—	—	—	74,00	—		64
—	30	—	—	7	—	—	—	82,00	—		65
									694		
—	29	—	—	7¹/₂	—	—	—	90,00	—		66
—	27	—	—	8	—	—	—	96,00	—		67
—	—	—	—	—	—	—	—	—	—	Im Hafen.	68
—	20	—	—	9	—	—	—	110,00	—		69
—	23	—	—	7¹/₂	—	—	—	90,00	—		70
—	—	—	—	—	—	—	—	—	—	desgl.	71
—	30	—	—	9	—	—	—	104,00	—		72
—	28	—	—	3¹/₂	—	—	—	42,00	—		73
—	—	—	—	—	—	—	—	—	—	Sturmeshalb. im Hafen.	74
—	27	—	—	8	—	—	—	94,00	—		75
—	—	—	—	—	—	—	—	—	—	desgl.	76
									626,00		
—	30	—	—	8	—	—	—	96,00	—		77
—	—	—	—	—	—	—	—	—	—	Sturmeshalb. im Hafen.	78
—	32	—	—	6	—	—	—	68,00	—		79
—	—	—	—	—	—	—	—	—	—	Im Hafen.	80
43	42	24	62	—	—	—	—	188,00	—		81
48	745	24	62	204³/₄	25	—	—	3628,00	3276,00		

Motorkutter „Memel".

Laufende Nr.	Monat	Tag von bis		Betriebstage im Hafen	in See	Fangort	Fanggerät	Wind Richtung	Stärke nach Beaufort	Wassertiefe in Meter und Grundbeschaffenheit	Strömung
1	2	3	4	5	6	7	8	9	10	11	12
	Übertrag			136	113						
82	Juni	14.	16.	—	3	Richtung Bärenkopf	Snurrwade	S.O.	1—2	18	—
83	„	17.	—	1	—	—	—	—	—	—	—
84	„	18.	20.	—	3	Schwarzort	desgl.	S.O.	1—2	22	—
85	„	21.	—	1	—	—	—	—	—	—	—
86	„	22.	24.	—	3	Schwarzort	desgl.	N.O.	2—3	30	S.
87	„	25.	26.	—	2	desgl.	desgl.	O.	1—2	28	S.
88	„	27.	—	—	1	Bärenkopf	desgl.	O.	—	26	S.
89	„	28.	—	1	—	—	—	—	—	—	—
90	„	29.	30.	—	2	Schwarzort	desgl.	S.O.	1—2	20	S.
91	Juli	1.	—	—	1	—	—	—	—	—	—
92	„	2.	3.	—	2	Perwelk	Snurrwade	S.W.	1—2	24	S.
93	„	4	—	1	—	—	—	—	—	—	—
94	„	5.	6.	—	2	Nidden	desgl.	S.	2—3	16	S.
95	„	7.	8.	2	—	—	—	—	—	—	—
96	„	9.	10.	—	2	Preil	desgl.	S.O.	1—2	20	S.
97	„	11.	—	1	—	—	—	—	—	—	—
98	„	12.	13.	—	2	Perwelk	desgl.	O.	1—2	22	S.
99	„	14.	19.	6	—	—	—	—	—	—	—
100	„	20.	21.	—	2	Schwarzort	desgl.	S.W.	2—3	24	S.
101	„	22.	—	1	—	—	—	—	—	—	—
102	„	23.	24.	—	2	desgl.	desgl.	S.O.	1—2	26	S.
103	„	25.	—	1	—	—	—	—	—	—	—
104	„	26.	27.	—	2	desgl.	desgl.	S O.	1—2	26	S.
105	„	28.	29.	2	—	—	—	—	—	—	—
106	„	30.	31.	—	2	Negeln	desgl.	O.	—	26	S.
107	August	1.	—	1	—	—	—	—	—	—	—
108	„	2.	4.	—	3	Schwarzort	Snurrwade	O.	flau	36	S.
109	„	5	8.	4	—	—	—	—	—	—	—
110	„	9.	10.	—	2	desgl.	desgl.	S.W.	1—2	40	S.
111	„	11.	13.	3	—	—	—	—	—	—	—
112	„	14.	15.	—	2	desgl.	desgl.	S.W.	1—2	42	S.
113	„	16.	—	1	—	—	—	—	—	—	—
114	„	17.	18.	—	2	desgl.	desgl.	S.O.	1—2	40	S.
115	„	19.	31.	13	—	—	—	—	—	—	—
116	September	1.	2.	2	—	—	—	—	—	—	—
				177	153						

Motorkutter „Memel".

Zahl der gemachten Fangzüge	Betriebs- stunden des Motors gro- ßen	klei- nen	Fang an: Flunder Ctr.	Dorsch Schek.	Lachs St.	Stör Stück	Breitling	Erlös in Mark	Mo- nats- erlös in Mark	Bemerkungen	Laufende Nr.
13	14	15	16	17	18	19	20	21	22	23	24
43	745	24	62	204³/₄	25	—	—	3628,00	3276,00		
44	36	24	6	—	—	—	—	177,00	—		82
—	—	—	—	—	—	—	—	—	—	Im Hafen.	83
39	40	21	5¹/₂	—	—	—	—	164,00	—		84
—	—	—	—	—	—	—	—	—	—	desgl.	85
41	38	24	6	—	—	—	—	122,00	—		86
29	36	18	7	—	—	—	—	154,00	—		87
12	8	3	5	—	—	—	—	104,00	—		88
—	—	—	—	—	—	—	—	—	—	desgl.	89
35	30	18	9	—	—	—	—	194,00	—		90
									1267,00		
—	—	—	—	—	—	—	—	—	—	Im Hafen.	91
40	38	15	7	—	—	—	—	166,00	—		92
—	—	—	—	—	—	—	—	—	—	desgl.	93
45	36	24	13	—	—	—	—	258,00	—		94
—	—	—	—	—	—	—	—	—	—	desgl.	95
38	30	21	13	—	—	—	—	256,00	—		96
—	—	—	—	—	—	—	—	—	—	desgl.	97
36	40	18	13	—	—	—	—	246,00	—		98
—	—	—	—	—	—	—	—	—	—	Sturmeshalb. im Hafen.	99
6	12	3	1	—	—	—	—	22,00	—		100
—	—	—	—	—	—	—	—	—	—	Im Hafen.	101
43	34	15	14	—	—	—	—	296,00	—		102
—	—	—	—	—	—	—	—	—	—	desgl.	103
31	28	—	7	—	—	—	—	172,00	—		104
—	—	—	—	—	—	—	—	—	—	desgl.	105
40	42	21	13	—	—	—	—	288,00	—		106
									1704,00		
—	—	—	—	—	—	—	—	—	—	Im Hafen.	107
28	48	15	12	—	—	—	—	256,00	—		108
—	—	—	—	—	—	—	—	—	—	Sturmeshalb. im Hafen.	109
28	22	15	8	—	—	—	—	184,00	—		110
—	—	—	—	—	—	—	—	—	—	desgl.	111
38	32	18	9¹/₂	—	—	—	—	206,00	—		112
—	—	—	—	—	—	—	—	—	—	Im Hafen.	113
28	18	12	9	—	—	—	—	206,00	—		114
—	—	—	—	—	—	—	—	—	—		115
									852,00	Sturmeshalber im Hafen gelegen.	
—	—	—	—	—	—	—	—	—	—		116
644	1313	309	220	204³/₄	25	—	—	7099,00	7099,00		

Motorkutter „Memel".

Laufende Nr.	Monat	Tag von	Tag bis	Betriebstage im Hafen	Betriebstage in See	Fangort	Fanggerät	Wind Richtung	Wind Stärke nach Beaufort	Wassertiefe in Meter und Grundbeschaffenheit	Strömung
1	2	3	4	5	6	7	8	9	10	11	12
117	Übertrag September	3.	19.	177 —	153 17	Pillau	Snurrwade	Versch. Windrichtungen	—	60 bis 64	S. auch N.
118	„	20.	21.	—	2	Nidden	Dorschangeln	S.O.	1—2	40	S.
119	„	22	26.	5	—	—	—	—	—	—	—
120	„	27.	29	—	3	desgl.	desgl.	S.O.	2	44	S.
121	„	30.	—	1	—	—	—	—	—	—	—
122	Oktober	1.	7.	7	—	—	—	—	—	—	—
				190	175						

Sa. v. 8. Oktober 1905 bis 7. Oktober 1906 = 365 Tage.

	1906										
1	Oktober	8.	—	1	—	—	—	—	—	—	—
2	„	9	11.	—	3	Zwischen Libau und Pappensee	Snurrwade	N.O. W.	2—4 2	44 42	N.
3	„	12	20.	—	9	Pappensee (Rußland)	Dorschangeln	S.W. S.	3—4 4—5	40	S. S.
4	„	21.	22.	2	—	—	—	—	—	—	—
5	„	23	24.	—	2	desgl.	desgl.	N.O.	2—3	40	N.
6	„	25.	26.	—	2	desgl.	desgl.	O.	1—2	42	N.
7	„	27.	31.	5	—	—	—	—	—	—	—
8	November	1.	4	4	—	—	—	—	—	—	—
9	„	5.	7.	—	3	Nidden	Dorschangeln	S.O.	3—4	46	S.
10	„	8.	30.	23	—	—	—	—	—	—	—
11	Dezember	1.	17.	17	—	—	—	—	—	—	—
12	„	18.	20.	—	3	Nidden	Dorschangeln	S.O.	2—3	44	S.
				52	22						

*) Der Kutter mußte, da er eine Anzahl Boote in Schlepptau hatte und der Wind heftig aus Süden an zu wehen fing, den Hafen von Libau als Nothafen aufsuchen. Eines der mitgenommenen Boote wurde von der See vollgeschlagen und vom Kutter

Motorkutter „Memel".

Zahl der gemachten Fangzüge	Betriebsstunden des Motors		Fang an:					Erlös in Mark	Monatserlös in Mark	Bemerkungen	Laufende Nr.
	großen	kleinen	Flunder Ctr.	Dorsch Schck.	Lachs St	Stör Stück	Breitling				
13	14	15	16	17	18	19	20	21	22	23	24
644	1313	309	220	204³/₄	25	—	—	7099,00	7099,00		
30	76	42	8	—	—	—	—	164,00	—	Der Kutter hat während der Zeit Versuche vor Pillau gemacht. Er hat dort 10 Tage sturmeshalber im Hafen gelegen, 2 Tage zur Reise nach Pillau und zurück gebraucht u. somit nur 5 Fischtage gehabt. Der Fang war sehr minimal.	117
—	20	—	—	6	—	—	—	76,00	—		118
—	—	—	—	—	—	—	—	—	—	Sturmeshalb. im Hafen.	119
—	16	—	—	9	—	—	—	104,00	—		120
—	—	—	—	—	—	—	—	—	344,00		121
—	—	—	—	—	—	—	—	—			122
674	1425	351	228	219³/₄	25	—	—	7443,00	7443,00		
—	—	—	—	—	—	—	—	—	—	Im Hafen.	1
27	30	25	4,50	—	—	—	—	100,00	—		2
—	54	—	—	—	—	—	—	—	—		3
—	—	—	—	—	—	—	—	—	—	Sturmeshalb. im Hafen.	4
—	20	—	—	8	—	—	—	92,00	—		5
—	24	—	—	10	—	—	—	113,00	—		6
—	—	—	—	—	—	—	—	—	305,00	desgl.	7
—	—	—	—	—	—	—	—	—	—	Sturmeshalb. im Hafen.	8
—	22	—	—	8	—	—	—	90,00	—		9
—	—	—	—	—	—	—	—	—	90,00	Täglich Sturm, daher im Hafen.	10
—	—	—	—	—	—	—	—	—	—	Täglich Sturm, daher im Hafen.	11
—	18	—	—	15	—	—	—	176,00	—		12
27	168	25	4,50	41	—	—	—	571,00	395,00		

abgerissen. Eine Bergung konnte, Sturmes- und hohen Seegangs halber, nicht vorgenommen werden.

Motorkutter „Memel".

Laufende Nr.	Monat	Tag		Betriebstage		Fangort	Fanggerät	Wind		Wassertiefe in Meter und Grundbeschaffenheit	Strömung
		von	bis	im Hafen	in See			Richtung	Stärke nach Beaufort		
1	2	3	4	5	6	7	8	9	10	11	12
	Übertrag			52	22						
13	Dezember	21.	30.	10	—	—	—	—	—	—	
14	„	31.	—	—	1	Memel in O. ½ N.	Lachsangeln	N.	2—3	40	N.
	1907										
15	Januar	1.	2.	2	—	—	—	—	—	—	—
16	„	3.	—	—	1	Memel in O. ½ N.	Lachsangeln	S.	5—6	40	S.
17	„	4.	—	1	—	—	—	—	—	—	—
18	„	5.	—	—	1	desgl.	desgl.	N.W.	2—3	40	S.
19	„	6.	7.	2	—	—	—	—	—	—	—
20	„	8.	—	—	1	desgl.	desgl.	W.	4—5	40	W.
21	„	9.	10.	2	—	—	—	—	—	—	—
22	„	11.	—	—	1	desgl.	desgl.	N.	2—3	40	N.
23	„	12.	14.	3	—	—	—	—	—	—	—
24	„	15.	—	—	1	desgl	desgl.	N W.	5—6	40	N.
25	„	16.	—	1	—	—	—	—	—	—	—
26	„	17.	—	—	1	desgl.	desgl.	W.N W.	5—6	40	W.
27	„	18.	—	1	—	—	—	—	—	—	—
28	„	19.	—	—	1	desgl.	desgl.	O.N.O.	5—6	40	N.O.
29	„	20.	31.	12	—	—	—	—	—	—	—
30	Februar	1.	28.	28	—	—	—	—	—	—	—
				114	30						

Sa. vom 8. Oktober 1906 bis 28. Februar 1907 = 144 Tage.

Motorkutter „Memel".

Zahl der gemachten Fangzüge	Betriebsstunden des großen Motors	Betriebsstunden des kleinen Motors	Fang an: Flunder Ctr.	Fang an: Dorsch Schck.	Fang an: Lachs St.	Fang an: Stör Stück	Fang an: Breitling	Erlös in Mark	Monatserlös in Mark	Bemerkungen	Laufende Nr.
13	14	15	16	17	18	19	20	21	22	23	24
27	168	25	4,50	41	—	—	—	571,00	395,00		
—	—	—	—	—	—	—	—	—	—	Täglich Sturm, daher im Hafen.	13
—	16	—	—	—	—	—	—	—	—	16 Stieg Lachsangeln z. Fischen ausgelegt.	14
									176,00		
—	—	—	—	—	—	—	—	—	—	Sturmeshalb. im Hafen.	15
—	10	—	—	—	—	—	—	—	—	Ohne Fang, sturmeshalb. zurückgekehrt.	16
—	—	—	—	—	—	—	—	—	—	Sturm, daher im Hafen geblieben.	17
—	14	—	—	—	3	—	—	58,00	—		18
—	—	—	—	—	—	—	—	—	—	desgl	19
—	12	8	—	—	—	—	—	—	—	6 Stieg Angeln besteckt. Mussten umkehren.	20
—.	—	—	—	—	—	—	—	—	—	Sturm. Im Hafen geblieben.	21
	12	3	—	—	3	—	—	94,00	—	12 Stieg Angeln besteckt. Mussten sturmeshalber umkehren.	22
									—	Stürmische Witterung, daher im Hafen.	23
—	9	—	—	—	—	—	—	—	—	Keine Möglichkeit bei den Angeln zu arbeiten. Sturm u. immer Sturm.	24
—	—	—	—	—	—	—	—	—	—		25
—	4	—	—	—	—	—	—	—	—	16 Stieg Lachsangeln besteckt, kein Fang.	26
—	—	—	—	—	—	—	—	—	—	Im Hafen.	27
—	8	—	—	—	1	—	—	18,00	—		28
—	—	—	—	—	—	—	—	—	—	Stürmische Witterung, daher im Hafen.	29
									170,00		
—	—	—	—	—	—	—	—	—	—	Vom 1. bis 28. Februar einschl. stürmische Witterung. Des vielen Eises halber, welches in See herumtrieb, konnte die Seefischerei nicht ausgeübt werden. Seit dem 14. war der Hafen vom Eise blockiert.	30
27	253	31	4,50	41	7	—	—	741,00	741,00		

Motorkutter „Köslin".
Vom 8. Oktober 1903 bis zum 1. März 1907.

Motorkutter „Köslin".

Laufende Nr.	Monat	Tag von	Tag bis	Betriebstage im Hafen	Betriebstage in See	Fangort	Fanggerät	Wind Richtung	Wind Stärke	Wassertiefe in Meter und Grundbeschaffenheit	Strömung	Betriebsstunden des grossen Motors für Schraube Std	Betriebsstunden des grossen Motors für Netzwinde Std	Verbrauch von Petroleum in kg
1	2	3	4	5	6	7	8	9	10	11	12	13	14	15
	1903													
1	Oktober	8.	9.	—	2	Kolberg, gepeilt in S.S.O. 10 Sm. ab	Scheernetz	S.W. N.O	schwach bis steif	—	—	2	2	12
2	„	10	—	1	—	—	—	—	—	—	—	—	—	—
3	„	11.	12.	—	2	Kolberg, gepeilt in S.z O. 6 Sm. ab	desgl.	O.S.O. S.W.	steif flau	—	—	8	5	51¹/₄
4	„	13.	21.	9	—	—	—	—	—	—	—	—	—	—
5	„	22.	23.	—	2	Mön-Bank gepeilt Mön N.N.O. Grönsund N.W.	desgl	W.S.W. S.W.	steif	—	—	11	2¹/₂	18¹/₂
6	„	24.	26.	3	—	—	—	—	—	—	—	—	—	—
7	„	27.	29.	—	3	Darßer Ort gepeilt S.z O 4 Sm. Abstand, darauf Reise nach Kolberg	desgl.	Windstille O.S.O.	leicht	—	—	48¹/₂	6	146³/₄
8	„	30.	31.	2	—	—	—	—	—	—	—	—	—	—
9	Novbr.	1.	—	1	—	Kurrten mit Krabbenkurre und Beiboot		Stille		—	—	—	—	—
10	„	2.	3	—	2	Kolberg gepeilt S.S.O. 12 Sm. Abstd. Gr. Horst gepeilt S.z.O. 20 Sm Abstd.	Dorschangeln Snurrwade und Scheernetz	Stille S-lich	flau		—	6¹/₂	2	25¹/₂
11	„	4.	6.	3	—	—	—	—	—	—	—	—	—	—
12	„	7.	—	—	1	Auf der Reise von Kolberg n. Rügenwalde		N.W.	flau		—	1	—	6
13	„	8.	—	1	—	—	—	—	—	—	—	—	—	—
14	„	9.	—	—	1	Auf der Reise von Rügenwaldermünde nach Stolpmünde		S.S W.	leicht		—	¹/₂	—	3
				20	13							72¹/₂	17¹/₂	263¹/₄

*) Der Inhalt eines Korbes beträgt 5 bis 6 kg.

Motorkutter „Köslin".

Betriebsstunden des Beibootmotors	Verbrauch an Petroleum in kg	Fang an:							Erlös in Mark	Monats-erlös in Mark	Bemerkungen	Laufende Nr.
		Flunder Stiege	Dorsch Stiege	Lachs Stück	Hering Stiege	Breitling kg	Schollen Stiege	Verschied. Fische				
16	17	18	19	20	21	22	23	24	25	26	27	28
—	—	30	—	—	—	—	—	—	20,25	—	Motor lief warm. Rückkehr nach Kolberg.	1
—	—	—	—	—	—	—	—	—	—	—		2
—	—	70	—	—	70	—	—	—	65,10	—	Der Kutter kehrte im Laufe des Nachmittags der beiden Tage nach Kolberg zurück.	3
—	—	—	—	—	—	—	—	—	—	—		4
—	—	10	—	—	—	—	—	—	4,00	—	Tuckzeese wurde zerrissen aufgeholt. Zur Reparatur nach Stralsund.	5
—	—	—	—	—	—	—	—	—	—	—	In Stralsund.	6
—	—	12 Körbe*) kl. Fld.	—	—	—	—	92	—	120,00	—	8 Züge mit Scheernetz. Gute Fische zwischen Darsser-Ort u Wustrow.	7
—	—	—	—	—	—	—	—	—	—	209,35	In Kolberg.	8
2³/₄	2	—	—	—	—	—	—	—	—	—	Fang: 3600 Krabben.	9
3	2¹/₄	25	10 Stück	—	—	—	—	—	14,65	—	Versuche m. Snurrwade misslangen wegen der Unebenheiten. Desgleichen wurde Scheernetz zerrissen aufgeholt.	10
—	—	—	—	—	—	—	—	—	—	—		11
—	—	—	—	—	—	—	—	—	—	—	Fischereiaufsichts-Kutter in Schlepp.	12
—	—	—	—	—	—	—	—	—	—	—	Steifer Wind aus N.W. In Rügenwaldermünde.	13
—	—	—	—	—	—	—	—	—	—	—		14
5³/₄	4¹/₄	135 u. 12 Körbe	10 St.	—	70	—	92	—	224,00	209,35		

Motorkutter „Köslin".

Laufende Nr.	Monat	Tag		Betriebstage		Fangort	Fanggerät	Wind		Wassertiefe in Metern und Grundbeschaffenheit	Strömung	Betriebsstunden des grossen Motors		Verbrauch von Petroleum in kg
		von	bis	im Hafen	in See			Richtung	Stärke			für Schraube Std.	für Netzwinde Std.	
1	2	3	4	5	6	7	8	9	10	11	12	13	14	15
	Übertrag			20	13							72$^1/_2$	17$^1/_2$	263$^1/_4$
15	Novbr.	10.	—	—	1	Stolpmünde gepeilt S.S O. 9 Sm. Abstd.	Scheernetz	W.S W. N.W.	steif	—		2	1	9
16	„	11.	12.	2	—	—	—	—		—		—	—	—
17	„	13.	15.	—	3	Stolpmünde gepeilt S.O. 15 Sm.Abst. u. Stolpe Bank 17 m Tiefe	Scheernetz Flundernetze u. Heringsnetze	Stille		17	—	18	2	57$^1/_2$
18	„	16.	—	1	—	—	—	—		—		—	—	—
19	„	17.	21.	—	5	Auf der Reise von Kolberg nach Stolpmünde und Leba Leba gepeilt S.z.O. 7 Sm. ab	Flundernetze Scheernetz	S.S.O. Stille W.S.W.	steif steif	—		32	3$^1/_2$	106$^1/_2$
20	„	22.	26.	5	—	—	—	—		—		—	—	—
21	„	27.	30.	—	4	Auf der Reise von Stolpmünde nach Hela bei Hela	Heringsnetze (15 Stck.)	S.S.O.		schwach steif		13$^1/_2$	—	40$^1/_2$
22	Dezembr.	1.	2.	—	2	bei Hela	Heringsnetze	S.O.	steif	—		—	—	—
23	„	3.	—	1	—	—	—	—		—		—	—	—
24	,.	4.	5.	—	2	desgl.	desgl.	S.O.		—		—	—	—
25	„	6.	—	1	—	—	—	—		—		—	—	—
				30	30							138	24	476$^3/_4$

Motorkutter „Köslin".

Betriebsstunden des Beibootmotors	Verbrauch an Petroleum in kg	Fang an:							Erlös in Mark	Monatserlös in Mark	Bemerkungen	Laufende Nr.
		Flunder Stiege	Dorsch Stiege	Lachs Stück	Hering Stiege	Breitling kg	Schollen Stiege	Verschied. Fische				
16	17	18	19	20	21	22	23	24	25	26	27	28
$5^3/_4$	$4^1/_4$	135 u. 12 Körbe	10 St.	—	70	—	92	—	224,00	209,35		
—	—	17	—	—	—	—	—	—	17,50	—	Wegen auffrischen den N.W.-Windes wurde die Scheernetzfischerei bald aufgegeben und nach Stolpmünde zurückgesegelt.	15
											In Stolpmünde.	16
—	—	20	—	—	—	—	—	—	29,70	—	Die Heringsnetze brachten nur vier Heringe. In acht Flundernetzen waren $^1/_2$ Stiege Flundern gefangen. Wegen auffrischend. S S.O.- Windes Rückkehr nach Kolberg.	17
											In Kolberg.	18
$1^1/_4$	$1^1/_4$	12	—	—	—	—	—	—	11,50	—	Die Flundernetze brachten 22 Flundern. Da Wind am 21. Vorm. bedenklich zunahm, wurde Rückkehr nach Stolpmünde beschlossen.	19
											In Stolpmünde.	20
$2^1/_2$	$1^3/_4$	—	—	—	$4^1/_2$ Schck. =$13^1/_2$ Stieg	—	—	—	2,70	76,05		21
$6^1/_2$	$4^3/_4$	—	—	—	32 Schck. = 96 Stg.	—	—	—	18,50	—		22
$9^1/_2$	$7^1/_2$	—	—	—	147 Schck. = 441 Stieg	—	—	—	79,70	—	Heringsfischerei mit Heringsnetzen u. Motorbeiboot.	23, 24
									—			25
$25^1/_2$	$19^1/_2$	184 u. 12 Körbe	10 St.	—	$620^1/_2$	—	92	—	388,60	285,40		

Motorkutter „Köslin".

Laufende Nr.	Monat	Tag		Betriebstage		Fangort	Fanggerät	Wind		Wassertiefe in Meter und Grundbeschaffenheit	Strömung	Betriebsstunden des grossen Motors		Verbrauch von Petroleum in kg
		von bis	im Hafen	in See				Richtung	Stärke			für Schraube Std.	für Netzwinde Std.	
1	2	3	4	5	6	7	8	9	10	11	12	13	14	15
	Übertrag			30	30							138	24	476³/₄
26	Dezembr.	7.	9.	—	3	bei Hela	Heringsnetze	S.W.	—	—	—	—	—	—
27	„	10.	11.	2	—	—	—	—	—	—	—	—	—	—
28	„	12.	—	—	1	desgl.	desgl.	—	—	—	—	—	—	—
29	„	13.	—	1	—	—	—	—	—	—	—	—	—	—
30	„	14.	—	—	1	Reise nach Danzig und zurück		—	—	—	⟍	8	—	24
31	„	15.	17.	3	—	—	—	—	—	—	—	—	—	—
32	„	18.	—	—	1	Reise nach Danzig und zurück		—	—	—	—	11	—	32
33	„	19.	31.	13	—									
	1904													
34	Januar	1.	2.	2	—	—	—	—	—	—	—	—	—	—
35	„	3.	—	—	1	Kußfeld gepeilt Süd 7 Sm. ab	Lachsangeln	S.O.	flau	—	—	18	—	54
36	„	4.	6.	3	—	—	—	—	—	—	—	—	—	—
37	„	7.	—	—	1	desgl.	desgl.	Süd	flau	—	—	18	—	54
38	„	8.	9.	2	—	—	—	—	—	—	—	—	—	—
39	„	10.	11.	—	2	desgl.	desgl.	S.W. S.S.W.	flau leicht	—	—	22¹/₂	—	68¹/₂
40	„	12.	—	1	—	—	—	—	—	—	—	—	—	—
41	„	13.	14.	—	2	desgl.	desgl.	West	frisch	—	—	10¹/₂	—	31¹/₂
				57	42							226	24	740³/₄

Motorkutter „Köslin".

Betriebsstunden des Beibootmotors	Verbrauch an Petroleum in kg	Fang an:							Erlös in Mark	Monats-erlös in Mark	Bemerkungen	Laufende Nr.
		Flunder Stiege	Dorsch Stiege	Lachs Stück	Hering Stiege	Breitling kg	Schollen Stiege	Verschied. Fische				
16	17	18	19	20	21	22	23	24	25	26	27	28
25½	19½	184 u. 12 Körbe	10 St.	—	620½	—	92	—	383,60	285,40		
12	9	—	—	—	60½ Schck. = 181½ Stieg	—	—	—	30,55	—		26
4	8	—	—	—	29½ Schck. = 88½ Stieg	—	—	—	14,70	—	Heringsfischerei mit Herings-netzen u. Motor-beiboot.	27 28
—	—	—	—	—	—	—	—	—	—	—		29
—	—	—	—	—	—	—	—	—	—	—	Beschaffung v. Ma-terialien z. Lachs-angelfischerei.	30
—	—	—	—	—	—	—	—	—	—	—	Vorbereitungen zur Lachsangel-fischerei.	31
—	—	—	—	—	—	—	—	—	—	—	Beschaffung von Materialien.	32
—	—	—	—	—	—	—	—	—	—	143,45	Vorbereitungen zur Lachsangel-fischerei.	33
—	—	—	—	—	—	—	—	—	—	—		34
—	—	—	—	—	—	—	—	—	—	—	9 Stiege Angeln wurden ausge-legt. Auf der Rückfahrt platzte der Vergaser; er wurde gegen einen Reserve-Vergaser ausge-wechselt. In Hela.	35
—	—	—	—	2 (12,5 kg)	—	—	—	—	45,00	—	Im ganzen wurden 14 Stieg Angeln ausgesetzt.	36 37
—	—	—	—	—	—	—	—	—	—	—		38
—	—	—	—	2 (20,5 kg)	—	—	—	—	73,80	—		39
—	—	—	—	—	—	—	—	—	—	—		40
—	—	—	—	—	—	—	—	—	—	—		41
41½	31½	184 u 12 Körbe	10 St.	4 von 33 kg	890½	—	92	—	547,65	428,85		

Motorkutter „Köslin".

Laufende Nr.	Monat	Tag von	Tag bis	Betriebstage im Hafen	Betriebstage in See	Fangort	Fanggerät	Wind Richtung	Wind Stärke	Wassertiefe in Meter und Grundbeschaffenheit	Strömung	Betriebsstunden des grossen Motors für Schraube Std.	Betriebsstunden des grossen Motors für Netzwinde Std.	Verbrauch von Petroleum in kg
1	2	3	4	5	6	7	8	9	10	11	12	13	14	15
	Übertrag			57	42							226	24	740³/₄
42	Januar	15.	17.	3	—	—	—	—	—	—	—	—	—	—
43	„	18.	20.	—	3	Kußfeld gepeilt Süd 7 Sm. ab	Lachsangeln Breitlingsnetz	W.N.W. Süd u. S.O.	flau	—	—	35	8	129
44	„	21.	—	1	—	—	—	—	—	—	—	—	—	—
45	„	22.	—	—	1	desgl.	Lachsangeln	N.W.	frisch	—	—	16	—	48
46	„	23.	25.	3	—	—	—	—	—	—	—	—	—	—
47	„	26.	—	—	1	desgl.	desgl.	W.S.W.	frisch	—	—	16	—	48
48	„	27.	28.	2	—	—	—	—	—	—	—	—	—	—
49	„	29.	—	—	1	desgl.	desgl.	S.O.	steif	—	—	18¹/₂	—	55¹/₂
50	„	30.	31.	2	—	—	—	—	—	—	—	—	—	—
51	Februar	1.	—	—	1	Kußfeld gepeilt Süd 7 Sm. ab	Lachsangeln	S.O.	steif	—	—	18	—	54
52	„	2.	4.	3	—	—	—	—	—	—	—	—	—	—
53	„	5.	9.	—	5	desgl.	desgl.	Stille O.S.O. Süd	steif flau	—	—	38	—	114
54	„	10.	—	1	—	—	—	—	—	—	—	—	—	—
55	„	11.	12.	—	2	bei Hela	Breitlingsgarn	S.S.W.	flau	—	—	20	—	60
56	„	13.	14.	—	2	Auf der Rückreise von Stolpmünde nach Hela		W.S W.	leicht	—	—	4	—	12
57	„	15.	16.	—	2	bei Hela	Breitlingsgarn	W.S.W.	—	—	—	3	6	27
58	„	17.	—	—	1	Reise nach Danzig und zurück nach Hela Kußfeld gepeilt Süd 7 Sm. ab	Lachsangeln	Süd	flau	—	—	17	—	51
				72	61							411¹/₂	38	1339¹/₄

Motorkutter „Köslin".

Betriebsstunden des Beibootmotors	Verbrauch an Petroleum in kg	Fang an:							Erlös in Mark	Monatserlös in Mark	Bemerkungen	Laufende Nr.
		Flunder Stiege	Dorsch Stiege	Lachs Stück	Hering Stiege	Breitling kg	Schollen Stiege	Verschied. Fische				
16	17	18	19	20	21	22	23	24	25	26	27	28
41½	31½	184 u. 12 Körbe	10 St.	4 von 33 kg	890½	—	92	—	547,65	428,85		
—	—	—	—	—	—	—	—	—	—	—		42
—	—	—	—	1 (15 kg)	—	1200	—	—	116,50	—		43
—	—	—	—	—	—	—	—	—	—	—		44
—	—	—	—	2 (14,5 kg)	—	—	—	—	52,20	—		45
—	—	—	—	—	—	—	—	—	—	—		46
—	—	—	—	1 (10,5 kg)	—	—	—	—	37,80	—		47
—	—	—	—	—	—	—	—	—	—	—		48
—	—	—	—	4 (37,5 kg)	—	—	—	—	135,00	—	Rohr zur Wasserpumpe platzte u wurde in Neufahrwasser repariert.	49
—	—	—	—	—	—	—	—	—	—	460,30		50
—	—	—	—	1 (4,5 kg)	—	—	—	—	16,20	—		51
—	—	—	—	—	—	—	—	—	—	—		52
11	6¼	—	—	—	—	—	—	—	—	—	Um Bestich für Lachsangeln zu erhalten, wurden bei der Heultonne 12 Heringsnetze ausgesetzt. Fang: 3½ Stieg Heringe.	53
—	—	—	—	—	—	—	—	—	—	—		54
—	—	—	—	—	—	6000	—	—	120,00	—	Dampften mit dem Fang in 20 Std. nach Stolpmünde.	55
—	—	—	—	—	—	—	—	—	—	—		56
—	—	—	—	—	—	1400	—	—	32,00	—	Der Fang wurde in Danzig veräussert.	57
—	—	—	—	—	—	—	—	—	—	—	Beendigung d. Lachsangelfischerei.	58
52½	37¾	184 u. 12 Körbe	10 St.	18 von 115 kg	890½	8600	92	—	1057,35	889,15		

Motorkutter „Köslin".

Laufende Nr.	Monat	Tag von	Tag bis	Betriebstage im Hafen	Betriebstage in See	Fangort	Fanggerät	Wind Richtung	Wind Stärke	Wassertiefe in Meter und Grundbeschaffenheit	Strömung	Betriebsstunden des grossen Motors für Schraube Std.	Betriebsstunden des grossen Motors für Netzwinde Std	Verbrauch von Petroleum in kg
1	2	3	4	5	6	7	8	9	10	11	12	13	14	15
	Übertrag			72	61							411½	38	1339¼
59	Februar	18.	22.	5	—	—	—					—	—	—
60	„	23.	—	—	1	bei Hela	Breitlingsgarn	N.N.O.	steif	—	—	7¾	—	23
61	„	24.	26.	3	—	—	—	—	—	—	—	—	—	—
62	„	27.	—	—	1	Auf der Reise von Stolpmünde nach Kolberg		—	—	—	—	—	—	—
63	„	28.	29.	2	—	—	—	—	—	—	—	—	—	—
64	März	1.	3.	3	—	—	—	—	—	—	—	—	—	—
65	„	4.	8.	—	5	Auf der Reise von Kolberg nach Hela		O.S.O. S.O.	steif flau	—	—	36	—	108
66	„	9.	—	—	1	bei Hela	Breitlingsgarn	—	—	—	—	4	—	12
67	„	10.	—	—	1	Rückkehr von Danzig nach Hela		—	—	—	—	—	—	—
68	„	11.	12.	2	—	—	—	—	—	—	—	—	—	—
69	„	13.	—	—	1	Hela gepeilt in Ost	Flundernetze	—	—	—	—	—	—	—
70	„	14.	—	—	1	bei Hela	Breitlingsgarn	W.S.W.	steif	—	—	27	—	81
71	„	15.	—	—	1	Auf der Reise nach Stolpmünde		—	—	—	—	—	—	—
72	„	16.	—	—	1	Von Stolpmünde nach Kolberg		Ost	frisch	—	—	2	—	3
73	„	17.	—	1	—	—	—	—	—	—	—	—	—	—
74	„	18.	19.	—	2	Auf der Reise von Kolberg nach Hela		—	—	—	—	33	-	99
75	„	20.	21.	2	—	—	—	—	—	—	—	—	—	—
76	„	22.	—	—	1	Reise nach Neufahrwasser		Süd	steif	—	—	5	—	15
77	„	23.	—	1	—	—	—	Stille N.O.	frisch	—	—	8½	—	25½
				91	77							534¾	38	1705¾

Motorkutter „Köslin".

Betriebsstunden des Beibootmotors	Verbrauch an Petroleum in kg	Fang an:							Erlös in Mark	Monatserlös in Mark	Bemerkungen	Laufende Nr.
		Flunder Stiege	Dorsch Stiege	Lachs Stück	Hering Stiege	Breitling kg	Schollen Stiege	Verschied. Fische				
16	17	18	19	20	21	22	23	24	25	26	27	28
52½	37¾	184 u. 12 Körbe	10 St.	13 von 115 kg	890½	8600	92	—	1057,35	889,15		
—	—	—	—	—	—	—	—	—	—	—		59
—	—	—	—	—	—	12800	—	—	120,00	—	Segelten mit dem Fang nach Stolpmünde.	60
—	—	—	—	—	—	—	—	—	—	—	Wegen starken N.O.-Windes in Stolpmünde.	61
—	—	—	—	—	—	—	—	—	—	—		62
—	—	—	—	—	—	—	—	—	—	288,20	In Kolberg. Wechsel der Leute.	63
—	—	—	—	—	—	—	—	—	—	—	In Kolberg.	64
—	—	—	—	—	—	—	—	—	—	—	Unterwegs musste Stolpmünde als Nothafen angelaufen werden.	65
—	—	—	—	—	—	50 Ctr. (2500 kg)	—	—	50,00	—	Segelten nach Danzig zum Verkauf des Fanges.	66
—	—	—	—	—	—	—	—	—	—	—		67
—	—	—	—	—	—	—	—	—	—	—		68
3	2¼	2	—	—	—	—	—	—	—	—		69
—	—	—	—	—	—	120 Ctr. (6000 kg)	—	—	173,20	—	Der Fang wurde teils in Stolpmünde, teils in Kolberg verkauft.	70
—	—	—	—	—	—	—	—	—	—	—		71
—	—	—	—	—	—	—	—	—	—	—		72
—	—	—	—	—	—	—	—	—	—	—	In Kolberg.	73
—	—	—	—	—	—	—	—	—	—	—		74
—	—	—	—	—	—	—	—	—	—	—	In Hela.	75
—	—	—	—	—	—	—	—	—	—	—		76
—	—	—	—	—	—	—	—	—	—	—	Besichtigung des Kutters durch Kapitän z. See Dittmer u. Reg.-Baurat Wilhelms. Einstündige Tour in See. Abends Rückkehr n. Hela.	77
55½	40	186 u. 12 Körbe	10 St.	13 von 115 kg	890½	29900	92	—	1400,55	1177,35		

Motorkutter „Köslin".

Laufende Nr.	Monat	Tag von	Tag bis	Betriebstage im Hafen	Betriebstage in See	Fangort	Fanggerät	Wind Richtung	Wind Stärke	Wassertiefe in Meter und Grundbeschaffenheit	Strömung	Betriebsstunden des grossen Motors für Schraube Std	Betriebsstunden des grossen Motors für Netzwinde Std	Verbrauch von Petroleum in kg
1	2	3	4	5	6	7	8	9	10	11	12	13	14	15
	Übertrag			91	77							534³/₄	38	1705³/₄
78	März	24.	26	3	—	—	—	N.O.	stürmisch	—	—	—	—	—
79	„	27.	—	—	1	bei Hela	Breitlingsgarn	N.O.	flau	—	—	2	4	18
80	„	28.	—	—	1	Auf der Reise von Hela nach Kolberg		O.S.O.	flau	—	—	24¹/₂	—	73¹/₂
81	„	29	—	—	1	Westl. von Kolberg	Flundernetze (14)	Stille		—	—	—	—	—
82	„	30	31	—	2	gepeilt Funkenhagen S.O. ¹/₂ Sm. Abstd.	Dorschangeln (4200 St.) Flundernetze (7 St.)	S.O.	steif	—	—	9	—	27
83	April	1.	3.	3	—	—	—	—	—	—	—	—	—	—
84	„	4.	—	—	1	Bei Kolberg ¹/₄ Sm. Abstd.	Flundernetze	SW.	flau	—	—	—	—	—
85	„	5.	—	1	—	—	—	—	—	—	—	—	—	—
86	„	6.	—	—	1	Auf der Reise von Kolberg n. Stolpmünde		S.W.	steif	—	—	2	—	6
87	„	7.	—	1	—	—	—	W.S.W.	stürm.	—	—	—	—	—
88	„	8.	—	—	1	Auf der Reise von Stolpmünde nach Großendorf		West	steif	—	—	1	—	3
89	„	9.	—	—	1	Auf der Höhe von Großendorf	Lachstreibnetze	W.S.W.	desgl.	—	—	6	—	18
90	„	10.	11	—	2	Höhe von Heisternest	desgl.	West W.S.W	desgl.	—	—	5	—	15
91	„	12.	13.	—	2	Bei der Heultonne v. Hela und westlich v. Kußfeld	desgl.	Stille		—	—	20	—	60
92	„	14.	15	2	—	—	—	O S.O.	stürm.	—	—	—	—	—
93	„	16.	—	—	1	bei Hela	Flundernetze	O.S.O.	steif	—	—	—	—	—
94	„	17.	18.	—	2	Westlich von Kußfeld	Lachsnetze	S.O.	desgl	—	—	6	—	18
95	„	19.	—	—	1	Nördlich von Kußfeld	Lachsnetze	still Ost	steif	—	—	12	—	36
96	„	20.	21.	—	2	Rückreise nach Kolberg	—	—	—	—	—	—	—	—
				101	96							622¹/₄	42	1980³/₄

Motorkutter „Köslin".

Betriebsstunden des Beibootmotors	Verbrauch an Petroleum in kg	Fang an:							Erlös in Mark	Monatserlös in Mark	Bemerkungen	Laufende Nr.
		Flunder Stiege	Dorsch Stiege	Lachs Stück	Hering Stiege	Breitling kg	Schollen Stiege	Verschied. Fische				
16	17	18	19	20	21	22	23	24	25	26	27	28
55¹/₂	40	186 und 12 Körbe		10 St.	13 von 115 kg	890¹/₂	29900	92	—	1400,55	1177,35		
—	—	—	—	—	—	—	—	—	—			78
—	—	—	—	—	—	500	—	—	60,00	—		79
—	—	—	—	—	—	—	—	—	—	—		80
4	3	¹/₂		1 St.	—	—	—	—	—	—		81
—	—	1	2 5 Stck.		—	—	—	—	12,90	— 296,10		82
—	—	—	—	—	—	—	—	—	—	—	In Kolberg.	83
6	4¹/₂	1	2 Stck.	—	—	—	—	—	—	—		84
—	—	—	—	—	—	—	—	—	—	—		85
—	—	—	—	—	—	—	—	—	—	—		86
—	—	—	—	—	—	—	—	—	—	—	In Stolpmünde.	87
—	—	—	—	—	—	—	—	—	—	—	Ankerten unter Grossendorf.	88
—	—	—	—	2 (17 kg)	—	—	—	—	42,50	—	Beginn der Lachstreibnetzfischerei.	89
—	—	—	—	—	—	—	—	—	—	—		90
—	—	—	—	3 (17 kg)	—	—	—	—	37,95	—		91
—	—	—	—	—	—	—	—	—	—	—	In Hela.	92
4	3	—	—	—	—	—	—	2 Stiege Kliesehen	—	—		93
—	—	—	—	—	15	—	—	—	8,10			94
—	—	—	—	1 (4 kg)	—	—	—	—	8,80			95
—	—	—	—	—	—	—	—	—	—	—		96
69¹/₂	50¹/₂	188¹/₂ und 12 Körbe	2 und 18 St.	19 von 153 kg	905¹/₂	30400	92	2 Stiege Kliesehen	1570,80	1473,45		

Motorkutter „Köslin".

Laufende Nr.	Monat	Tag von	Tag bis	Betriebstage im Hafen	Betriebstage in See	Fangort	Fanggerät	Wind Richtung	Wind Stärke	Wassertiefe in Meter und Grundbeschaffenheit	Strömung	Betriebsstunden des grossen Motors für Schraube Std.	Betriebsstunden des grossen Motors für Netzwinde Std.	Verbrauch von Petroleum in kg
1	2	3	4	5	6	7	8	9	10	11	12	13	14	15
	Übertrag			101	96							622¹/₄	42	1980¹/₄
97	April	22.	30.	—	9	An der Küste 2—8 Sm. Abstand Henkenhagen Strand	Lachstreibnetze Dorschangeln Breitlingsgarn	S.W. S.O.	flau	—	—	58	¹/₂	160
98	Mai	1.	2.	—	2	Östlich von Kolberg; Ziegenberg bei Kolberg	Breitlingsnetze Dorschangeln Lachsnetze	S-lich W.S.W.	leicht steif	—	—	10	—	30
99	„	3.	—	1	—	—	—	West	stürm.	—	—	—	—	—
100	„	4.	—	—	1	gepeilt Kolberg S.O 6 Sm. Abstd. bei Kolberg	Scheernetz Lachsnetze			—	—	11	—	33
101	„	5.	6.	2	—	—	—			—	—	—	—	—
102	„	7.	—	—	1	gepeilt Kolberg S.S.W. 10 Sm. Abstd	Scheernetz	Stille		—	—	10¹/₂	1¹/₂	.36
103	„	8.	—	1	—	—	—			—	—	—	—	—
104	„	9.	11.	—	3	gepeilt Kolberg; 1. Tag S.z.O. 6 Sm. Abstd. 2.T. S.W.z.S 9 Sm. Abstd. 3. Tag Süd. 6 Sm. Abstd.	Scheernetz	S.O. S.W.	flau frisch	—	—	16¹/₂	5¹/₂	66
105	„	12.	—	1	—	—	—	—	—	—	—	—	—	—
				106	112							723¹/₄	49¹/₂	2305¹/₄

Motorkutter „Köslin".

Betriebsstunden des Beibootmotors	Verbrauch an Petroleum in kg	Fang an:							Erlös in Mark	Monatserlös in Mark	Bemerkungen	Laufende Nr.
		Flunder Stiege	Dorsch Stiege	Lachs Stück	Hering Stiege	Breitling kg	Schollen Stiege	Verschied. Fische				
16	17	18	19	20	21	22	23	24	25	26	27	28
69½	50½	188½ und 12 Körbe	2 und 18 Stck.	19 von 153 kg	905½	30400	92	2 Stiege Klieschen	1570,80	1473,45		
—	—	5	3	8 (46,5 kg)	—	—	1	1 Stieg Klieschen	141,80	239,15	„Köslin" schleppte am 26. 4. einen Schoner in den Hafen und erhielt als Schlepplohn 5 Mk.; desgl. am 29. 4. ein schwedisches Fahrzeug, Schlepplohn 5 Mk. Im Ganzen wurden 6000 Dorschangeln ausgelegt; mit dem Breitlingsnetz wurde nichts gefangen.	97
2	1½	5	12 Stück	2 (11 kg)	5½	—	—	—	31,80	—	3800 Dorschangeln wurden ausgelegt.	98
—	—	17 Stg. 7 Körbe	—	1 (5 kg)	—	—	—	—	35,00	—	In Kolberg.	99 / 100
—	—	10 Stg. 3 Körbe	—	—	—	—	—	—	12 00	—	In Kolberg. Köslin wurde vermessen.	101 / 102
—	—	12 Stg. 11 Körbe kleine Flund.	—	—	—	—	7	62 Stiege Klieschen	94,20	—	1. Tag: 4 Züge 2. Tag: 3 Züge 3. Tag: 2 Züge	103 / 104
—	—	—	—	—	—	—	—	—	—	—	In Kolberg.	105
71½	52	237½ und 33 Körbe	6½	30 von 215,5 kg	911	30400	100	65 Stiege Klieschen	1885,60	1712,60		

Motorkutter „Köslin".

Laufende Nr.	Monat	Tag		Betriebstage		Fangort	Fanggerät	Wind		Wassertiefe in Meter und Grundbeschaffenheit	Strömung	Betriebsstunden des grossen Motors		Verbrauch von Petroleum in kg
		von	bis	im Hafen	in See			Richtung	Stärke			für Schraube Std.	für Netzwinde Std.	
1	2	3	4	5	6	7	8	9	10	11	12	13	14	15
	Übertrag			106	112							$723^{1}/_{4}$	$49^{1}/_{2}$	$2305^{1}/_{4}$
106	Mai	13.	14.	—	2	Gepeilt Kolberg S.W. z. S. 10 Sm. ab S. z. O. 6 Sm. ab	Scheernetz	Nord W.N.W.	mäßig	—	—	$22^{1}/_{2}$	$4^{1}/_{2}$	81
107	„	15.	—	1	—	—	—	—	—	—	—	—	—	—
108	„	16.	18.	—	3	Gepeilt Kolberg S. z. O. 6 Sm. ab S.S.O. 6 Sm. ab S. z. O. 6 Sm. ab	desgl.	W.N.W.	steif leicht	—	—	$25^{1}/_{2}$	$2^{1}/_{2}$	84
109	„	19.	20.	2	—	—	—	W.N.W.	stürmisch	—	—	—	—	—
110	„	21.	—	—	1	Gepeilt Kolberg S.S.W. 5 Sm. Abstd.	desgl.	Nord	flau	—	—	$5^{1}/_{2}$	—	18
111	„	22.	23.	2	—	—	—	—	—	—	—	—	—	—
112	„	24.	26.	—	3	Gepeilt Kolberg S z. W. 6 Sm. ab S. z. O. 6 Sm. ab und S.S.W. 12 Sm. Abstd.	desgl.	S.O. O.N.O.	mäßig	—	—	15	—	45
113	„	27.	30.	—	4	Bei Kolberg unweit vom Strande	Heringsnetze	N.O. O.S.O.	leicht	—	—	—	—	—
114	„	31.	—	1	—	—	—	—	—	—	—	—	—	—
115	Juni	1.	2.	—	2	Oder-Bank	Scheernetz Snurrwade	Ost	flau	—	—	33	9	126
116	„	3.	—	1	—	—	—	—	—	—	—	—	—	—
				113	127							$824^{3}/_{4}$	$65^{1}/_{2}$	$2659^{1}/_{4}$

Motorkutter „Köslin".

Betriebsstunden des Beibootmotors	Verbrauch an Petroleum in kg	Fang an:							Erlös in Mark	Monatserlös in Mark	Bemerkungen	Laufende Nr.
		Flunder Stiege	Dorsch Stiege	Lachs Stück	Hering Stiege	Breitling kg	Schollen Stiege	Verschied. Fische				
16	17	18	19	20	21	22	23	24	25	26	27	28
71½	52	237½ u. 33 Körbe	6½	30 von 215,5 kg	911	30400	100	65 Stg. Klieschen	1885,60	1712,60		
—	—	10 Stg. 22 Körbe kl. Fld.	—	—	—	—	9	24 Stg. Klieschen	50,20	—		106
—	—	—	—	—	—	—	—	—	—	—	In Kolberg.	107
—	—	51 Stg. 20 Körbe kl. Fld.	—	—	—	—	10½	22 Stg. Klieschen	95,80	—	1. Tag: 2 Züge 2. „ 3 „ 3. „ 3 „	108
—	—	—	—	—	—	—	—	—	—	—		109
—	—	—	—	—	—	—	—	—	—	—	Scheernetz kam 2 mal fest und wurde zerrissen aufgeholt. Pfingsten.	110
—	—	28 Stg. 7 Körbe kl. Fld.	—	—	—	—	8¼	16 Stg. Klieschen	59,40	—	Zwei Zeesen wurden durch Findlinge total zerrissen und zerschnitten. Kurz vor Ankunft in Kolberg platzte der Vergaser.	111 112
12	9	—	—	—	130	—	—	—	42,80	—	Heringsfischerei mit Stellnetzen u. Motorbeiboot.	113
—	—	—	—	—	—	—	—	—	—	421,20	In Kolberg. Abds. 9 Uhr 30 Minuten Fahrt in See.	114
7	5¼	1 Schffl. 2 Körbe	—	—	—	—	1 Schffl.	65 kg Steinbutt	28,80	—	Die Fänge an der O.-Seite der Oderbank waren nicht ergiebig. Die Snurrwade versagte. In Swinemünde.	115 116
90½	66¼	326½ 84 Körbe 1 Schffl.	6½	30 von 215,5 kg	1041	30400	127¾ u. 1 Schffl.	127 Stg Klieschen 65 kg Steinbutt	2162,60	2133,80		

7*

Motorkutter „Köslin".

Laufende Nr.	Monat	Tag		Betriebstage		Fangort	Fanggerät	Wind		Wassertiefe in Meter und Grundbeschaffenheit	Strömung	Betriebsstunden des grossen Motors		Verbrauch von Petroleum in kg
		von	bis	im Hafen	in See			Richtung	Stärke			für Schraube Std.	für Netzwinde Std.	
1	2	3	4	5	6	7	8	9	10	11	12	13	14	15
	Übertrag			113	127							$824^3/_4$	$65^1/_2$	$2659^1/_4$
117	Juni	4.	11.	—	8	Oder-Bank. N.-lich von Kolberg 6—10 Sm. Abstd.	Scheernetz Flundernetze Scheernetz	O.N.O. bis W.N.W. und zurück nach O.	leicht	—		106	—	$319^1/_2$
118	„	12.		—	1	—	—	—	—	—		—	—	—
119	„	13.	18.	—	6	Stolpe Bank S.W.-Seite 20 m Tiefe. Bei Kolberg Abstand 6—15 Sm.	Scheernetz desgl.	S.S.O. W.N.W.	mäßig	20		—	$89^3/_4$	$272^1/_2$
120	„	19.		—	1	—	—	—	—	—		—	—	—
121	„	20.	22.	—	3	Gepeilt Kolberg S. z. O. 6 Sm. ab S.O. 10 Sm. ab	desgl.	W.S.W.	flau	—		—	27	81
122	„	23.	24.	2	—	—	—	W.N.W	stürmisch	—		—	—	—
123	„	25.		—	1	Gepeilt Kolberg S.O 12 Sm.ab	desgl.	W.S.W.	frisch	—		—	$9^1/_2$	28
124	„	26.	27.	2	—	—	—	W.N.W.	böig	—		—	—	—
125	„	28.		—	1	Gepeilt Kolberg S.O.10Sm.ab	desgl.	W.S.W.	frisch	—		—	9	27
126	„	29.		—	1	—	—	W.N.W.	stürmisch	—		—	—	—
127	„	30.		—	1	Gepeilt Kolberg S.O. z.O. 12 Sm. ab	desgl.	—	—	18—36 schw. Musch.		29	—	87
128	Juli	1.		—	1	Gr. Horst in S. z. W. 12 Sm. ab.	Scheernetz	N.W.	flau	18—30		—	—	—
129	„	2.		—	1	Gepeilt Gr. Horst in Süd 12 Sm. ab	desgl.	S.W.	flau	18—30		15	—	45
130	„	3.	4.	2	—	—	. —	—	—	—		—	—	—
				122	149							1110	$65^1/_2$	$3519^1/_4$

Motorkutter „Köslin". 101

Betriebsstunden des Beibootmotors	Verbrauch an Petroleum in kg	Fang an:							Erlös in Mark	Monatserlös in Mark	Bemerkungen	Laufende Nr.
		Flunder Stiege	Dorsch Stiege	Lachs Stück	Hering Stiege	Breitling kg	Schollen Stiege	Verschied. Fische				
16	17	18	19	20	21	22	23	24	25	26	27	28
90¹/₂	66¹/₄	326¹/₂ 84 Körbe 1 Schffl. 38 Stg. 35 Körbe kl. Fld.	6¹/₂	30 von 215,5 kg	1041	30400	127²/₄ u. 1 Schffl 29	127 Stg. Klieschen 65 kg Steinbutt 35 Stg. Klieschen 100 kg Steinbutt	2162,60 194,80	2133,80	Der Fang auf der Oder-Bank war nur gering Die Flundernetze brachten nur ca. 30 Pfd. Steinbutt.	117
—	—	—	—	—	—	—	—	—	—	—	In Kolberg.	118
—	—	20 Stg. 17 Körbe kl. Fld.	—	—	—	—	25¹/₂	14 Stg. Klieschen 1 Stg. Steinbutt	89,60	—	Der Fang mit dem Scheernetz auf der Stolpe-Bank war erfolglos. Das Netz wurde zerrissen aufgeholt	119
—	—	—	—	—	—	—	—	—	—	—	In Kolberg.	120
—	—	45 Stg. 12 Körbe kl. Fld.	—	—	—	—	8³/₄	7 Stg. Steinbutt 44 Stg. Klieschen	83,60	—	Betriebszeit: 27¹/₄ Stunden 10 Züge	121
—	—	—	—	—	—	—	—	—	—	—		122
—	—	6 Körbe kl. Fld.	—	—	—	—	5¹/₂	3 Stg. Steinbutt	21,60	—	3 Züge in 6 Std.	123
—	—	—	—	—	—	—	—	—	—	—		124
—	—	5 Stg. 3 Körbe kl. Fld.	—	—	—	—	6¹/₂	5 Stg. Klieschen 3 Stg. Steinbutt	32,40	—	3 Züge in 8 Stunden. Zeese wurde zerrissen aufgeholt.	125
—	—	—	—	—	—	—	—	—	—	—		126
—	—	14 Stg. 27 Körbe kl. Fld.	—	—	—	—	24¹/₂	6 Stg. Klieschen 12 Stg. Steinbutt	108,80	559,60	·	127
—	—	—	—	—	—	—	—	—	—	—	8 Züge in 29 Std	128
—	—	16 Stg. 5 Körbe kl. Fld.	—	—	—	—	4¹/₂	7 Stg Klieschen 2 Stg. Steinbutt	42,40	—	4 Züge in 11 Std.	129
—	—	—	—	—	—	—	—	—	—	—	In Kolberg.	130
90¹/₂	66¹/₄	464¹/₂ 189 Körbe 1 Schffl.	6¹/₂	30 von 215,5 kg	1041	30400	232 u. 1 Schffl.	238 Stg. Klieschen 28 Stg. u. 165 kg Steinbutt	2735,80	2693,40		

Motorkutter „Köslin".

Laufende Nr.	Monat	Tag		Betriebstage		Fangort	Fanggerät	Wind		Wassertiefe in Meter und Grundbeschaffenheit	Strömung	Betriebsstunden des grossen Motors		Verbrauch von Petroleum in kg
		von	bis	im Hafen	in See			Richtung	Stärke			für Schraube Std.	für Netzwinde Std.	
1	2	3	4	5	6	7	8	9	10	11	12	13	14	15
	Übertrag			122	149							1110	65½	3519¼
131	Juli	5.	9.	—	5	Gepeilt Kolberg S.O. z. O 6—20 Sm. Abstand	Scheernetz	West S.W. Stille	steif frisch schw. Musch.	22—37 20—36	—	53½	—	160½
132	„	10.	—	1	—	—	—	—	—	—	—	—	—	—
133	„	11.	15.	—	5	Auf der Reise von Kolberg nach Marstrand	—	—	—	—	—	48	—	154
134	„	16.	19.	4	—	—	—	—	—	—	—	—	—	—
135	„	20.	—	—	1	Auf der Reise von Marstrand nach Frederikshavn	—	—	—	—	—	9	—	27
136	„	21.	31.	11	—	—	—	—	—	—	—	—	—	—
137	August	1.	—	1	—	In Frederikshavn	—	—	—	—	—	—	—	—
138	„	2.	4.	—	3	Auf der Reise von Frederikshavn nach der Oder-Bank	—	West	mäßig	—	—	20	—	60
139	„	5.	—	—	1	Bei der Westbake	Scheernetz	Stille		—	—	5	—	15
140	„	6	10.	5	—	—	—	—	—	—	—	—	—	—
141	„	11.	—	—	1	Gepeilt Kolberg S.S.O. 6 Sm. ab	desgl.	W.S.W.	flau	—	—	3	—	9
142	„	12.	17.	6	—	—	—	W.N.W.	stürmisch	—	—	—	—	—
143	„	18.	—	—	1	Gepeilt Kolberg S.O. z. O. 15 Sm. Abstd.	desgl.	S.W.	leicht	22—36	—	8	—	24
144	„	19.	—	1	—	—	—	W.N.W.	stürmisch	—	—	—	—	—
145	„	20.	—	—	1	—	—	S.W.	steif	—	—	1	—	8
146	„	21.	—	1	—	—	—	—	—	—	—	—	—	—
				152	167							1257½	65½	3971¾

Motorkutter „Köslin".

Betriebsstunden des Beibootmotors	Verbrauch an Petroleum in kg	Fang an:							Erlös in Mark	Monatserlös in Mark	Bemerkungen	Laufende Nr.
		Flunder Stiege	Dorsch Stiege	Lachs Stück	Hering Stiege	Breitling kg	Schollen Stiege	Verschied. Fische				
16	17	18	19	20	21	22	23	24	25	26	27	28
90½	66¼	464½ 189 Körbe 1 Schffl. 58 Stg. 26 Körbe kl. Fld.	6½	30 von 215,5 kg	1041	30 400	232 und 1 Schffl. 17¼	238 Stg. Klieschen 28 Stg. und 165 kg Steinbutt 7 Stg. Steinbutt 29 Stg. Kliesehen	2735,80 200,10	2693,40	17 Züge in 55 Betriebsstunden.	131
—	—	—	—	—	—	—	—	—	—	—	In Kolberg.	132
—	—	—	—	—	—	...	—	—	—	—		133
—	—	—	—	—	—	—	—	—	—	—	In Marstrand.	134
—	—	—	—	—	—	—	—	—	—	—		135
—	—	—	—	—	—	—	—	—	—	242,50	In Frederikshavn. Reparatur der Bün. Kalfaterung d. Decks,	136
—	—	—	—	—	—	—	—	—	—	—	Aenderung der Segel usw.	137
—	—	—	—	—	—	—	—	—	—	—		138
—	—	2 Stg.	—	—	—	—	—	1 Stg. Kliesehen 2 Stg. Steinbutt	3,50	—	Auf der Oderbank wurde 1 Zug gemacht. Minimaler Fang.	139
—	—	—	—	—	—	—	—	—	—	—	In Kolberg.	140
—	—	2 Stg. 2 Krb. kl. Fld.	—	—	—	—	1½	1 Stg. Kliesehen 4 Stg. Steinbutt	15,25	—		141
—	—	—	—	—	—	—	—	—	—	—		142
—	—	14 Stg. Fld. 4 Krb. kl. Fld.	—	—	—	—	3	6 Stg Kliesehen 2 Stg. Steinbutt	42,45	—	4 Züge in 11½ Std.	143
—	—	—	—	—	—	—	—	—	—	—		144
—	—	—	—	—	—	—	—	—	—	—	Wind und Seegang nahmen bedenklich zu, daher Rückkehr geboten.	145
—	—	—	—	—	—	—	—	—	—	—	In Kolberg.	146
90½	66¼	540½ u. 22] Körbe 1 Schffl.	6½	30 von 215,5 kg	1041	30 400	253¾ und 1 Schffl.	275 Stg. Kliesehen 43 Stg. u. 165 kg Steinbutt	2997,10	2935,90		

Motorkutter „Köslin".

Laufende Nr.	Monat	Tag von	Tag bis	Betriebstage im Hafen	Betriebstage in See	Fangort	Fanggerät	Wind Richtung	Wind Stärke	Wassertiefe in Meter und Grundbeschaffenheit	Strömung	Betriebsstunden des grossen Motors für Schraube Std.	Betriebsstunden des grossen Motors für Netzwinde Std.	Verbrauch von Petroleum in kg
1	2	3	4	5	6	7	8	9	10	11	12	13	14	15
	Übertrag			152	167							1257$^1/_2$	65$^1/_2$	3971$^3/_4$
147	August	22.	27.	—	6	Gepeilt Kolberg S.O.z.O. 12—20 Sm. ab	Scheernetz	S.W. N.N.O. W N W.	leicht frisch leicht	16—28 Schlick 22—34		55$^1/_2$	—	168
148	„	28.	—	1	—	—	—	—	—	—		—	—	—
149	„	29.	31.	—	3	Gepeilt Kolberg S. z.W. 14 Sm. Abstd. Gepeilt Gr. Horst Leuchtturm S. z.O.12Sm.ab. Gepeilt Kolberg S. z.W. 12 Sm. ab	desgl.	W.N.W. Nord	leicht flau	20		33	—	99
150	Septbr.	1.	—	—	1	Gepeilt Kolberg Süd 14 Sm. ab	Scheernetz	S.S.O.	still	—		4	—	12
151	„	2.	6.	5	—	—	—	—	—	—		—	—	—
152	„	7.	—	—	1	Auf der Reise von Kolberg n. Stolpmünde.		S.S.O	flau	—		9	—	27
153	„	8.	—	—	1	Von Stolpmünde nach Rügenwaldermünde.		Stille		—		3$^1/_2$	—	10$^1/_2$
154	„	9.	10.	—	2	Von Rügenwaldermünde nach Kolberg. Gepeilt Kolberg S.O.z.O. 18 Sm. ab	Scheernetz	desgl		—		7	—	21
155	„	11.	—	—	1	Bei Kolberg	Dorschangeln (ausgesetzt)	S.S.W.	leicht	—		—	—	—
156	„	12.	—	1	—	—	—	W.N.W.	stürmisch					
157	„	13.	—	—	1	desgl.	Dorschangeln (aufgenommen)	S.W.	flau					
				159	183							1369$^1/_2$	65$^1/_2$	4309$^1/_4$

Motorkutter „Köslin".

Betriebsstunden des Beibootmotors	Verbrauch an Petroleum in kg	Fang an:							Erlös in Mark	Monats- erlös in Mark	Bemerkungen	Laufende Nr.
		Flunder Stiege	Dorsch Stiege	Lachs Stück	Hering Stiege	Breitling kg	Schollen Stiege	Verschied. Fische				
16	17	18	19	20	21	22	23	24	25	26	27	28
90¹/₂	66¹/₄	540¹/₂ 221 Körbe 1 Schffl.	6¹/₂	30 von 215,5 kg	1041	30 400	253³/₄ und 1 Schffl.	275 Stg. Klieschen 43 Stg. u. 165 kg Steinbutt	2997,10	2935,90		
—	—	72	—	—	—	—	36	36 Stg. Klieschen 6 Stg. Steinbutt	174,90	—	23 Züge in 75 Be- triebsstunden.	147
												148
—	—	50	—	—	—	—	5¹/₂	8 Stg. Steinbutt 30 Stg. Kliescheu	67,50	303,60	7 Züge in 29¹/₂ Be- triebsstunden.	149
—	—	14	1 Stück	—	—	—	1¹/₂	1 Stg. Steinbutt 6 Stg. Kliescheu	14,40	—		150
—	—	—	—	—	—	—	—	—	—	—	Reparatur-Arbeit am grossen Motor	151
—	—	—	—	—	—	—	—	—	—	—	Nahmen in Stolp- münde das Lachs- zeug über.	152
												153
—	—	20	—	—	—	—	3¹/₂	10 Stg. Kliescheu 3 Stg. Steinbutt	24,75	—	8 Züge in 11 Be- triebsstunden.	154
3	2¹/₄	—	—	—	—	—	—	—	—	—		155
—	—	—	—	—	—	—	—	—	—	—		156
3	2¹/₄	8¹/₂	—	—	—	—	—	¹/₂ Stg. Steinbutt	9,00	—		157
96¹/₂	70³/₄	705 221 Körbe 1 Schffl.	6¹/₂ und 1 Stck.	30 von 215,5 kg	1041	30 400	300¹/₄ und 1 Schffl.	357 Stg. Kliescheu 61¹/₂ Stg. u. 165 kg Steinbutt	3287,65	3239,50		

Motorkutter „Köslin".

Laufende Nr.	Monat	Tag von	Tag bis	Betriebstage im Hafen	Betriebstage in See	Fangort	Fanggerät	Wind Richtung	Wind Stärke	Wassertiefe in Meter und Grundbeschaffenheit	Strömung	Betriebsstunden des grossen Motors für Schraube Std.	Betriebsstunden des grossen Motors für Netzwinde Std.	Verbrauch von Petroleum in kg
1	2	3	4	5	6	7	8	9	10	11	12	13	14	15
	Übertrag			159	183							1369$^1/_2$	65$^1/_2$	4309$^1/_4$
158	Septbr.	14.	19.	—	6	Vor der Mündung	Lachskränze*)	umlaufend		—		—	—	—
159	„	20.	22.	3	—	—	—	N.O.	stürmisch	—		—	—	—
160	„	23.	24.	—	2	Gepeilt Kolberg S.S.O. 12 Sm. Abstd.	Heringsnetze	O.	flau	—		5	—	15
161	„	25.	26.	—	2	Bei Kolberg	Dorschangeln	S.O	leicht	—		—	—	—
162	„	27.	—	—	1	Bei Nest	Breitlingsgarn	S.	flau	—		$^1/_2$	3$^1/_2$	12
163	„	28.	29.	2	—	—	—	—	—	—		—	—	—
164	„	30.	—	—	1	Strand von Nest	desgl.	S.S.W.	leicht	—		9	—	27
165	Oktober	1.	2.	2	—	—	—	—	—	—		—	—	—
166	„	3.	—	—	1	Am Kolberger Strand	Heringsnetze	N.N.W.	flau	24		6	—	18
167	„	4.	—	1	—	desgl.	Krabbenkurre Dorschangeln		Stille			—	—	—
168	„	5.	—	—	1	desgl.	Krabbenkurre	—	—	—		—	—	—
169	„	6.	7.	2	—	—	—	S.b.S.O.	steif	—		—	—	—
				169	197							1390	69	4381$^1/_4$

Sa. vom 8. Oktober 1903 bis 7. Oktober 1904 = 366 Tage.

*) Lachskränze sind an der Küste verankerte Lachstreibnetze.

Motorkutter „Köslin".

Betriebsstunden des Beibootmotors	Verbrauch an Petroleum in kg	Fang an:						Erlös in Mark	Monats-erlös in Mark	Bemerkungen	Laufende Nr.
		Flunder Stiege	Dorsch Stiege	Lachs Stück	Hering Stiege	Breitling kg	Schollen Stiege	Verschied. Fische			
16	17	18	19	20	21	22	23	24	25	26	27	28
96½	70¾	705 221 Körbe 1 Schffl.	6½ und 1 Stck.	30 von 215,5 kg	1041	30 400	300¼ und 1 Schffl.	357 Stg. Klieschen 61½ Stg. und 165 kg Steinbutt	8287,65	8239,50		
—	—	—	—	1 Stck. (11,5 kg)	—	—	—	—	25,50	—		158
—	—	—	—	—	—	—	—	—	—	—	Vorbereitungen zur Lachsangelfischerei.	159
—	—	—	—	—	18	—	—	—	6,15	—	Es wurden 21 Heringsnetze ausgesetzt. Ausserdem wurde auf Köder für Dorschangeln gefischt.	160
7	5¼	7 Stg. 4 Körbe kl. Fld.	1½	—	—	—	—	—	14,25	—		161
—	—	—	—	—	—	—	—	—	—	—	Die Breitlingsfischerei hatte kein Ergebnis.	162
—	—	—	—	—	—	—	—	—	—	—	Vorbereitungen z. Lachsangelfischerei getroffen.	163
—	—	—	—	—	—	—	—	—	94,05	—	Es wurden 3 Züge mit dem Garn versucht. Die Fischerei verlief ergebnislos.	164
—	—	—	—	—	—	—	—	—	—	—	Vorbereitungen z Lachsangelfischerei getroffen.	165
—	—	—	—	—	36	—	—	—	9,00	—		166
5	4	3	24 Stück	—	—	—	—	—	5,10	—	Die Krabben wurden als Köder f. d. Dorschangeln benutzt. Es wurden 1200 Angeln ausgelegt.	167
2½	1¾	—	—	—	—	—	—	—	—	—	Köderfischerei.	168
—	—	—	—	—	—	—	—	—	—	14,10	In Kolberg.	169
111	81¾	715 u. 225 Körbe und 1 Schffl.	9 u. 5 Stck.	31 von 227 kg	1095	30 400	300¼ und 1 Schffl.	357 Stg. Klieschen 61½ Stg. und 165 kg Steinbutt	8347,65	3347,65		

Motorkutter „Köslin".

Laufende Nr.	Monat	Tag		Betriebstage		Fangort	Fanggerät	Wind		Wassertiefe in Meter und Grundbeschaffenheit	Strömung	Betriebsstunden des grossen Motors	
		von	bis	im Hafen	in See			Richtung	Stärke			für Schraube Std.	für Netzwinde Std.
1	2	3	4	5	6	7	8	9	10	11	12	13	14
	1904												
1	Oktober	8.	—	—	1	Am Kolberger Strand	Lachskränze Dorschangeln	N.W.	mäßig	—	—	—	—
2	„	9.	12.	4	—	—	—	W.S.W. S.S.O.	stürmisch	—	—	—	—
3	„	13.	—	—	1	desgl.	Breitlingsgarn	—	—	—	—	—	—
4	„	14.	15.	2	—	—	—	—	—	—	—	—	—
5	„	16.	18.	—	3	desgl.	Heringsnetze Breitlingsnetze Dorschangeln	S.S.O. Süd S.O.	leicht frisch	—	—	—	—
6	„	19.	20.	2	—	—	—	S.O.	stürmisch	—	—	—	—
7	„	21.	25.	—	5	Bei Kolberg	Breitlingsnetze Heringsnetze Breitlingsgarn Dorschangeln	O.N.O. bis Süd	flau	—	—	8	—
8	„	26.	—	1	—	—	—	W.N.W.	stürmisch	—	—	—	—
9	„	27.	29.	—	3	desgl.	Breitlingsnetze	S.S.W. Süd S.S.O.	leicht	—	—	—	—
10	„	30.	—	1	—	—	—	—	—	—	—	—	—
11	„	31.	—	—	1	Auf der Reise von Kolberg nach Hela		S.W.	mäßig	—	—	15	—
12	Novembr.	1.	—	—	1	Auf der Reise von Kolberg nach Hela		S.W.	frisch	—	—	15	—
13	„	2.	13.	12	—	—	—	—	stürm. Witterung	—	—	—	—
				22	15							38	—

Motorkutter „Köslin".

Verbrauch von Petroleum in kg	Betriebsstunden des Beibootmotors	Verbrauch von Petroleum in kg	Fang an:							Erlös in Mark	Monats-Erlös in Mark	Bemerkungen	Laufende Nr.
			Flunder Ztr.	Dorsch Stg.	Lachs St.	Hering Schock	Breitling Ton*	Schollen Ztr.	Verschied. Fische				
15	16	17	18	19	20	21	22	23	24	25	26	27	28
—	2	1¹/₂	—	—	—	—	—	—	—	—	—	Fischerei ergebnislos.	1
—	—	—	—	—	—	—	—	—	—	—	—		2
—	—	—	—	—	—	7	—	—	13,00	—			3
—	—	—	—	—	—	—	—	—	—	—	—	Vorbereitungen zur Lachsangelfischerei getroffen.	4
—	8	6	1	1¹/₂	—	—	1	—	—	30,30	—	Es wurden 2600 Angeln ausgelegt.	5
—	—	—	—	—	—	—	—	—	—	—	—		6
24	24	18	1¹/₂	1¹/₂	—	70	6	—	—	114,20	—		7
—	—	—	—	—	—	—	—	—	—	—	—		8
—	12	9	—	—	—	—	3	—	—	40,00	—		9
													10
45	—	—	—	—	—	—	—	—	—	—	197,50	Motorboot „Pommern" im Schlepp. Das Boot soll bei der Lachsangelfischerei mit verwendet werden.	11
45	—	—	—	—	—	—	—	—	—	—	—	Ankunft in Hela.	12
—	—	—	—	—	—	—	—	—	—	—	—	Im Hafen gelegen und nötige Schiffsarbeiten verrichtet.	13
114	46	34¹/₂	2¹/₂	3	—	70	17	—	—	197,50	197,50		

*) 1 Ton netto ist etwa ein Zentner.

Motorkutter „Köslin".

Laufende Nr.	Monat	Tag		Betriebstage		Fangort	Fanggerät	Wind-		Wassertiefe in Meter und Grundbeschaffenheit	Strömung	Betriebsstunden des grossen Motors	
		von	bis	im Hafen	in See			Richtung	Stärke			für Schraube Std.	für Netzwinde Std.
1	2	3	4	5	6	7	8	9	10	11	12	13	14
	Übertrag			22	15							38	—
14	Novembr.	14.	—	—	1	Heisternest	10 Stieg Lachsangeln 6 Heringsnetze	S.S.O.	leicht	—	—	6	—
15	„	15.	—	—	1	—	—	N.N.W.	flau	—	—	4	—
16	„	16.	—	—	1	desgl.	Lachsangeln	S.	frisch	—	—	9	—
17	„	17.	18.	2	—	—	—	W.S.W.	Sturm	—	—	—	—
18	„	19.	—	—	1	desgl.	desgl.	S.W.	frisch	—	—	7	—
19	„	20.	—	—	1	Hela Heultonne	Heringsnetze	S.W.	desgl.	—	—	—	—
20	„	21.	—	—	1	Heisternest	Lachsangeln und Heringsnetze	S.W.	desgl.	—	—	6	—
21	„	22.	—	—	1	desgl.	Lachsangeln	S.	flau	—	—	14	—
22	„	23.	—	—	1	desgl.	desgl.	S.	leicht	—	—	15	—
23	„	24.	—	—	1	desgl.	desgl.	Stille		—	—	12	—
24	„	25.	—	—	1	desgl.	desgl.	S.W.	leicht	—	—	8	—
25	„	26.	—	—	1	Wiek	Heringsnetze	S.W.	desgl.	—	—	—	—
26	„	27.	—	—	1	Heisternest	Lachsangeln	W.S.W.	flau	—	—	9	—
27	„	28.	—	—	1	desgl.	desgl.	W.S.W.	leicht	—	—	9	—
28	„	29.	1. 12.	3	—	—	—	W.S W.	Sturm	—	—	—	—
29	Dezembr.	2.	—	—	1	Heultonne	Heringsnetze	W.	flau	—	—	—	—
30	„	3.	—	—	1	Heisternest	Lachsangeln	S W.	leicht	—	—	11½	—
31	„	4.	—	1	—	Feierten Sonntag		—	—	—	—	—	—
32	„	5.	—	—	1	Heisternest	Lachsangeln	S.	flau	—	—	10	—
33	„	6.	7.	2	—	—	—	W.S.W.	Sturm	—	—	—	—
34	„	8.	—	—	1	desgl.	desgl. und Heringsnetze	S.	frisch	—	—	9	—
35	„	9.	—	1	—	Reinigten den Motor		—	—	—	—	—	—
36	„	10.	—	—	1	Heisternest	Lachsangeln	S.	flau	—	—	15	—
37	„	11.	—	—	1	Wiek	Heringsnetze	desgl.	desgl.	—	—	—	—
38	„	12.	—	—	1	Heisternest	Lachsangeln	desgl.	frisch	—	—	11	—
39	„	13.	—	—	1	desgl.	desgl.	S.O.	flau	—	—	8	—
				31	36							201½	

Motorkutter „Köslin".

Verbrauch von Petroleum in kg	Betriebsstunden des Beibootmotors	Verbrauch von Petroleum in kg	Fang an: Flunder Ztr.	Dorsch Stg.	Lachs St.	Hering Schock	Breitling Ton	Schollen Ztr.	Verschied Fische	Erlös in Mark	Monats-Erlös in Mark	Bemerkungen	Laufende Nr.
15	16	17	18	19	20	21	22	23	24	25	26	27	28
114	46	$34^1/_2$	$2^1/_2$	3	—	70	17	—	—	197,50	197,50		
18	3	$2^1/_2$	—	—	—	3	—	—	—	—	—	Die gefangenen Heringe wurden als Köder benutzt.	14
12	—	—	—	—	—	—	—	—	—	—	—	Nach Michlinken, dort 20 Stieg Worgsteine an Bord genommen u. nach Hela zurück.	15
27	—	—	—	—	—	1	—	—	—	21,60	—		16
—	—	—	—	—	—	—	—	—	—	—	—	Im Hafen gelegen.	17
21	—	—	—	—	—	2	—	—	—	32,40	—		18
—	4	3	—	—	—	4	—	—	—	—	—	Die gefangenen Heringe wurden als Köder benutzt.	19
18	4	3	—	—	—	3	3	—	—	79,20	—	desgl.	20
42	—	—	—	—	—	—	—	—	—	—	—		21
45	—	—	—	—	—	—	—	—	—	—	—	Kein Fang zu verzeichnen gewesen.	22
36	—	—	—	—	—	—	—	—	—	—	—		23
24	—	—	—	—	—	—	—	—	—	—	—		24
—	4	3	—	—	—	5	—	—	—	—	—	Die Heringe wurden als Köder für die Lachsangeln benutzt.	25
27	—	—	—	—	—	—	—	—	—	—	—		26
27	—	—	—	—	—	1	—	—	—	37,80	—		27
—	—	—	—	—	—	—	—	—	—	—	171,00	Stürmische Witterung.	28
—	6	$4^1/_2$	—	—	—	4	—	—	—	—	—	Als Köder benutzt.	29
$34^1/_2$	—	—	—	—	—	2	—	—	—	32,40	—		30
—	—	—	—	—	—	—	—	—	—	—	—		31
30	—	—	—	—	—	1	—	—	—	21,60	—		32
—	—	—	—	—	—	—	—	—	—	—	—		33
27	2	$1^1/_2$	—	—	—	1	3	—	—	37,80	—	Die Heringe wurden als Köder benutzt.	34
—	—	—	—	—	—	—	—	—	—	—	—		35
45	—	—	—	—	—	4	—	—	—	109,60	—		36
—	2	$1^1/_2$	—	—	—	5	—	—	—	—	—	desgl.	37
38	5	$6^1/_4$	—	—	—	3	—	—	—	90,00	—		38
24	—	—	—	—	—	—	—	—	—	—	—		39
$604^1/_2$	76	$59^3/_4$	$2^1/_2$	3	18	97	17	—	—	659,90	368,50		

Motorkutter „Köslin".

Laufende Nr.	Monat	Tag		Betriebstage		Fangort	Fanggerät	Wind-		Wassertiefe in Meter und Grundbeschaffenheit	Strömung	Betriebsstunden des grossen Motors	
		von	bis	im Hafen	in See			Richtung	Stärke			für Schraube Std.	für Netzwinde Std.
1	2	3	4	5	6	7	8	9	10	11	12	13	14
	Übertrag			31	36							201½	
40	Dezembr.	14.	—	—	1	Wiek	Heringsnetze	S.O.	flau	—	—	—	—
41	„	15.	—	—	1	Heisternest	Lachsangeln	S.S.O.	leicht	—	—	9	—
42	„	16.	—	1	—	—	—	—	—	—	—	—	—
43	„	7	—	—	1	desgl.	desgl.	desgl.	flau	—	—	10	—
44	„	18.	—	1	—	—	—	—	—	—	—	—	—
45	„	19.	20.	—	2	desgl. und Wiek	desgl. und Heringsnetze	S.W.	leicht	—	—	8	—
46	„	21.	—	—	1	Heisternest	Lachsangeln	S.O.	flau	—	—	9	—
47	„	22.	—	—	1	desgl.	desgl. und Heringsnetze	S.S.O.	leicht	—	—	12	—
48	„	23.	—	—	1	desgl.	Lachsangeln	S.O.	frisch	—	—	14	—
49	„	24.	30.	7	—	—	—	W.	Sturm	—	—	—	—
50	„	31.	—	—	1	—	desgl.	N.	leicht	—	—	6½	—
	1905												
51	Januar	1.	3.	3	—	—	—	N.O.	Sturm	—	—	—	—
52	„	4.	15.	—	12	Wiek	Breitlingsgarn	W.S.W.	flau	—	—	10	—
53	„	16.	—	—	1	desgl.	desgl.	O.N.O.	desgl.	—	—	3	—
54	„	17.	18.	2	—	—	—	W.S.W.	—	—	—	—	—
55	„	19.	—	—	1	desgl.	desgl.	S.S.O.	leicht	—	—	4	—
56	„	20.	—	—	1	Heisternest	Lachsangeln	S.O.	desgl.	—	—	8	—
57	„	2	22.	—	2	Wiek	Heringsnetze	S.	desgl.	—	—	—	—
58	„	23.	—	—	1	Heisternest	Lachsangeln	desgl.	flau	—	—	18	—
59	„	24.	—	—	1	Wiek	Heringsnetze	desgl.	desgl.	—	—	—	—
60	„	25.	—	—	1	Heisternest	Lachsangeln	Stille	—	—	—	18½	—
61	„	26.	3. 2.	8	—	—	—	W.N.W.	Sturm	—	—	—	—
62	Februar	4.	—	—	1	Heisternest	Breitlingsgarn	Stille	—	—	—	4	—
63	„	5.	—	—	1	desgl	Lachsangeln	S.W.	flau	—	—	18½	—
64	„	6.	—	—	1	desgl.	desgl.	W.	frisch	—	—	9½	—
					53	68						363½	

*) Mit den gefangenen Breitlingen wurde nach Danzig gesegelt. Am 5. Februar wurde dort angelangt; beide Schraubenflügel wurden in dem dort befindlichen hohen Schlammeise, mit welchem die ganze Weichsel belegt war, abgeschlagen. Ein Dampfer,

Motorkutter „Köslin".

Verbrauch von Petroleum in kg	Betriebsstunden des Beibootmotors	Verbrauch von Petroleum in kg	Fang an: Flunder Ztr.	Dorsch Stg.	Lachs St.	Hering Schock	Breitling Ton	Schollen Ztr.	Verschied. Fische	Erlös in Mark	Monats-Erlös in Mark	Bemerkungen	Laufende Nr.
15	16	17	18	19	20	21	22	23	24	25	26	27	28
604½	76	59¾	2½	3	18	97	17	—	—	659.90	368,50		
—	2	1½	—	—	—	6	—	—	—	—	—	Die Heringe wurden als Köder für die Lachsangeln benutzt.	40
27	—	—	—	—	2	—	—	—	—	68,40	—		41
—	—	—	—	—	—	—	—	—	—	—	—	Kein Fischwetter.	42
30	—	—	—	—	3	—	—	—	—	66,60	—		43
—	—	—	—	—	—	—	—	—	—	—	—	desgl.	44
24	7	6¾	—	—	1	37	—	—	—	95,80	—		45
27	5	6¼	—	—	3	—	—	—	—	79,20	—		46
36	4	5	—	—	3	4	—	—	—	59,40	—	Die Heringe wurden als Köder benutzt.	47
42	4	5	—	—	5	—	—	—	—	108,00	—		48
—	—	—	—	—	—	—	—	—	—	—	—	Stürm. Witterung.	49
19½	—	—	—	—	—	—	—	—	—	—	—		50
											768,80		
—	—	—	—	—	—	—	—	—	—	—	—	Kein Fischwetter.	51
30	—	—	—	—	—	37	—	—	—	78,00	—	*)	52
9	—	—	—	—	—	—	—	—	—	—	—	Keine Fänge.	53
—	—	—	—	—	—	—	—	—	—	—	—	Kein Fischwetter.	54
12	—	—	—	—	—	9	—	—	—	15,00	—		55
24	—	—	—	—	—	—	—	—	—	—	—	Keine Fänge.	56
—	4	3	—	—	—	5	—	—	—	—	—	Die Heringe wurden als Köder verwandt.	57
54	—	—	—	—	1	—	—	—	—	32,40	—		58
—	4	3	—	—	—	4	—	—	—	—	—	desgl.	59
56½	—	—	—	—	2	—	—	—	—	39,60	—		60
—	—	—	—	—	—	—	—	—	—	—	—	Stürm. Witterung.	61
											165,00		
12	—	—	—	—	—	—	100	—	—	64,00	—	Viel Eis. „Köslin" wurde von einem Dampfer aus Hela u. wieder eingeschleppt.	62
56½	—	—	—	—	2	—	—	—	—	32,40	—		63
28½	—	—	—	—	—	—	—	—	—	—	—	Keine Erträge.	64
1092½	106	90¼	2½	3	40	153	163	—	—	1398,70	1302,30		

der „Köslin" nach Neufahrwasser in Schlepptau hatte, zerbrach beim Anlegen dortselbst den Klüverbaum desselben. Die Reparaturen waren am 14. desselben Monats beendet und gelangte der Kutter am 15. wieder in Hela an.

Abhandlungen des Deutschen Seefischerei-Vereins. Bd. VIII. A.

Motorkutter „Köslin".

Laufende Nr.	Monat	Tag von	Tag bis	Betriebstage im Hafen	Betriebstage in See	Fangort	Fanggerät	Wind Richtung	Wind Stärke	Wassertiefe in Meter und Grundbeschaffenheit	Strömung	Betriebsstunden des grossen Motors für Schraube Std.	Betriebsstunden des grossen Motors für Netzwinde Std.
1	2	3	4	5	6	7	8	9	10	11	12	13	14
	Übertrag			53	68							363½	
65	Februar	7	—	1	—	—	—	W.N.W.	Sturm	—	—	—	—
66	„	8.	—	—	1	Heisternest	Lachsangeln	W.S.W.	frisch	—	—	6	—
67	„	9.	—	—	1	desgl.	Heringsnetze	desgl.	desgl.	—	—	—	—
68	„	10.	11.	—	2	desgl.	Lachsangeln	W.N.W. N.W.	flau	—	—	18	—
69	„	12.	13.	2	—	—	—	W.N.W.	Sturm	—	—	—	—
70	„	14.	16.	—	3	desgl.	desgl.	S.W.	flau	—	—	38	—
71	„	17.	20.	—	4	desgl.	desgl.	desgl. desgl. still und klar	desgl Sturm	—	—	20	—
72	„	21.	22.	—	2	desgl.	desgl.	still	flau	—	—	11	—
73	„	23	24.	—	2	Wiek	Heringsnetze	Stille	—	—	—	—	—
74	„	26.	28.	—	3	desgl.	desgl.	N.O.	desgl.	—	—	4	—
75	März	1.	2	—	2	Wiek	Heringsnetze	Ost N.O.	flau	—	—	—	—
76	„	3	4.	—	2	Heisternest	Lachsangeln	Stille	—	—	—	24	—
77	„	6.	7.	—	2	Hela Leuchtturm N.O. 24 Sm.	Lachstreibnetze	—	—	—	—	10	—
78	„	8.	12.	—	5	—	—	—	—	—	—	48	—
79	April	24	25.	—	2	Kolberg WS.W.20Sm entfernt	Scheerbrettnetz	West	leicht	28	—	9½	—
80	„	26.	1. 5.	—	6	N.W. z W. von Kolberg	desgl.	Westl. u. verschied. andere Richtungen		52 bis 18	—	35	—
				56	105							587	

*) Der Kutter segelte bei umlaufenden frischen Westwinden nach Stolpmünde und später nach Kolberg, woselbst er am 12. 3. eintraf. Er blieb bis 24. 4. im Hafen von Kolberg liegen; dann wurde er frisch ausgerüstet und ging am genannten Tage

Motorkutter „Köslin".

Verbrauch von Petroleum in kg	Betriebsstunden des Beibootmotors	Verbrauch von Petroleum in kg	Fang an: Flunder Ztr.	Dorsch Stg.	Lachs St.	Hering Schock	Breitling Ton	Schollen Ztr.	Verschied. Fische	Erlös in Mark	Monats-Erlös in Mark	Bemerkungen	Laufende Nr.
15	16	17	18	19	20	21	22	23	24	25	26	27	28
1092½	106	90¼	2½	3	40	153	163	—	—	1398,70	1302,30		
										—	—	Stürm. Witterung.	65
18	—	—	—	—	—	—	—	—	—	—	—	Keine Erträge.	66
—	3	2¼	—	—	—	2	—	—	—	—	—	Die Heringe wurden zu Köder verwandt.	67
54	—	—	—	—	—	—	—	—	—	—	—	Keine Fänge.	68
—	—	—	—	—	—	—	—	—	—	—	—	Verrichteten Schiffsarbeiten.	69
114	—	—	—	—	—	9	—	—	—	265,40	—	Der Kutter ist jeden Abend in Hela gewesen.	70
60	—	—	—	—	—	1	—	—	—	21,60	—	Während der Zeit in Neufahrwasser nach Proviant und Kohlen gewesen.	71
33	—	—	—	—	—	1	—	—	—	16,20	—		72
—	4	3	—	—	—	2	—	—	—	—	—	Die Heringe wurden als Köder verwandt.	73
12	3	3¾	—	—	—	2¼	—	—	—	—	399,60	Desgl. Am 28. wurde das Ausgussrohr, welches gebrochen, repariert.	74
—	5	3¾	—	—	—	2¼	—	—	—	—	—	Die Heringe wurden zu Köder verwandt.	75
72	—	—	—	1	—	—	—	—	—	21,60	—		76
30	—	—	—	1	—	—	—	—	—	23,40	—		77
144	—	—	—	—	—	—	—	—	—	—	45,00	*)	78
28½	—	—	¾	—	—	—	—	—	—	22,00	—	Der Fang bestand aus kleinen Flundern, Schollen und Steinbutten.	79
105	—	—	2¾	—	—	—	—	—	—	82,00	104,00	Desgl. Die Fänge waren sehr gering, dabei wurde einigemale das Netz zerrissen.	80
1763	121	108	6	3	53	161½	163	—	—	1850,90	1850,90		

unter Führung des Kapitäns Backhaus aus Blankenese zum Fischen in See. Der Verbrauch an Petroleum hatte während der Reise von Hela nach Kolberg 144 kg betragen.

Motorkutter „Köslin".

Laufende Nr.	Monat	Tag von bis		Betriebstage im Hafen	in See	Fangort	Fanggerät	Wind- Richtung	Stärke	Wassertiefe in Meter und Grundbeschaffenheit	Strömung	Betriebsstunden des grossen Motors für Schraube Std.	für Netzwinde Std.
1	2	3	4	5	6	7	8	9	10	11	12	13	14
	Übertrag			56	105							587	—
81	Mai	2.	—	1	—	—	—	—	—	—	—	—	—
82	„	3.	6	—	4	N.W. von Rügen	Scheerbrettnetz	Mit verschiedenen Winden	—	52 bis 18	—	13	—
83	„	7.	9.	—	3	Oestlich von Warnemünde	desgl.	desgl.	—	desgl.	—	9	..
84	„	10	—	1	—	—	—	—	—	—	—	—	—
85	„	11.	15	—	5	Oder-Bank	desgl.	desgl.	—	13 bis 16	—	26½	..
86	„	16.	19.	—	4	desgl.	desgl.	desgl.	—	desgl.	—	19½	
				58	121							655	—

Vom 8. Oktober 1904 bis 19. Mai 1905 = 179 Tage.

Seit dieser Zeit ist kein Fangbuch weiter geführt worden. Der Kutter wurde im Sommer 1905 nach Pillau übergeführt nnd fing unter Schiffer Koschies von dort bis zu seiner Ueberführung, welche am 17. April 1906 erfolgte. Er traf am 20. desselben Monats in Memel ein. Während der Zeit vom halben Oktober 1905 bis zur Ueberführung nach Memel hat der Kutter in Pillau still gelegen und als er zur Ueberführung von dort nach Memel in Empfang genommen wurde, konnte der Motor trotz aller Versuche nicht in Gang gebracht werden, sondern es wurde nach Memel gesegelt. Auch der Motor des Beiboots hatte einen Fehler und war nicht in Gang zu

Motorkutter „Köslin".

Verbrauch von Petroleum in kg	Betriebsstunden des Beibootmotors	Verbrauch von Petroleum in kg	Fang an: Flunder	Dorsch	Lachs	Hering	Breitling	Schollen	Verschied. Fische	Erlös in	Monats-Erlös in	Bemerkungen	Laufende Nr.
			Ztr.	Stg.	St.	Schock	Ton	Ztr.		Mark	Mark		
15	16	17	18	19	20	21	22	23	24	25	26	27	28
1763	121	103	6	3	53	161½	163	—	—	1850,90	1850,90		
—	—	—	—	—	—	—	—	—	—	—	—		81
39	—	—	—	—	—	—	—	8	—	240,00	—	In Rostock angelaufen und die Fische verkauft.	82
27	—	—	—	—	—	—	—	6	—	180,00	—	In Stralsund angelaufen und die Fische verkauft.	83
—	—	—	—	—	—	—	—	—	—	—	—		84
79½	—	—	—	—	—	—	—	11½	—	330,00	—	Der Fang bestand aus Flundern, Schollen und Steinbutten. In Swinemünde wurden sie verkauft.	85
58½	—	—	—	—	—	—	—	8¾	—	260,00	1010,00	Nach Swinemünde zurück.	86
1967	121	103	6	3	53	161½	163	34¼	—	2860,90	2860,90		

bringen. Mittlerweile war der Kutter an die Gebrüder Lorenz und Gewildis in Süderspitze bei Memel verkauft. Es mussten jedoch erst die erforderlichen Reparaturen ausgeführt werden. Ein Monteur, welcher bald darauf aus Frederikshavn von Gebrüder Houmüller eintraf, stellte beide Motore in nicht zu langer Zeit wieder her und nachdem der Boden des Kutters gereinigt, sowie Reparaturen und Ergänzungen vorgenommen waren, konnte er seine Fangreisen mit dem 16. Mai 1906 aufnehmen. Die Reisen und Fangergebnisse sind nachstehend bis zum 1. März 1907 aufgeführt.

Motorkutter „Köslin".

Laufende Nr.	Monat	Tag		Betriebstage		Fangort	Fanggerät	Wind		Wassertiefe in Meter und Grundbeschaffenheit	Strömung
		von	bis	im Hafen	in See			Richtung	Stärke nach Beaufort		
1	2	3	4	5	6	7	8	9	10	11	12
	1906										
1	Mai	16.	19.	—	4	Perwelk u. Schwarzort	Snurrwade	S.O. O.	2 0	38 20	S.
2	„	20.	—	1	—	—	—	—	—	—	—
3	„	21.	23.	—	3	desgl.	desgl.	S.W.	2	22	—
4	„	24.	25.	2	—	—	—	—	—	—	—
5	„	26.	30.	—	5	Bärenkopf	desgl.	N.W.	3	28	—
6	„	31.	—	1	—	—	—	—	—	—	—
7	Juni	1.	4.	4	—	—	—	—	—	—	—
8	„	5.	9.	—	5	Schwarzort u. Perwelk	Snurrwade	W.	2 4	25	N.
9	„	10.	—	1	—	—	—	—	—	—	—
10	„	11	13.	—	3	Schwarzort	desgl.	N.W.	2	24	N.
11	„	14.	16.	—	3	desgl.	desgl.	W. N.W.	2	20	N.
12	„	17.	—	1	—	—	—	—	—	—	—
13	„	18.	20.	—	3	Bärenkopf	desgl.	W.	2	24	N.
14	„	21.	23.	—	3	desgl.	desgl.	N.O.	2	16	N.
15	„	24.	—	1	—	—	—	—	—	—	—
16	„	25.	27.	—	3	Preil	desgl.	S.W.	2	17	S.
17	„	28.	30.	—	3	desgl.	desgl.	S.O.	2	16—14	S.
18	Juli	1.	3.	—	3	Bärenkopf	Snurrwade	W.	2	20—24	S.
19	„	4.	—	1	—	—	—	—	—	—	—
20	„	5.	7.	—	3	desgl.	desgl.	N.W.	2	24—26	N.
21	„	8.	—	—	—	—	—	—	—	—	—
22	„	9.	11.	—	3	Perwelk	desgl.	N.N.W.	2	16—18	N.
23	„	12.	14.	—	3	desgl.	desgl.	N.	2	17—20	N.
24	„	15.	19.	5	—	—	—	—	—	—	—
25	„	20.	21.	—	2	Bärenkopf	desgl.	S.O.	2	17—20	S
26	„	22.	—	1	—	—	—	—	—	—	—
27	„	23.	24.	—	2	Perwelk	desgl.	S.O.	2	16	S.
28	„	25.	29.	5	—	—	—	—	—	—	—
29	„	30.	31.	—	2	Holländische Mütze	desgl.	S.O.	2	14—16	S.
30	August	1.	—	1	—	—	—	—	—	—	—
31	„	2.	4.	—	3	Holländische Mütze	Snurrwade	W.	3	43	S.
32	„	5.	9.	5	—	—	—	—	—	—	—
				29	56						

Motorkutter „Köslin".

Zahl der gemachten Fangzüge	Betriebsstunden des Motors		Fang an:					Erlös in Mark	Monatserlös in Mark	Bemerkungen	Laufende Nr.
	großen	kleinen	Flunder Ctr.	Steinbutt Stück	Lachs Stück	Stör	Breitling				
13	14	15	16	17	18	19	20	21	22	23	24
10	21	16	1	—	—		—	21,00	—		1
—	—	—	—	—	—	—	—	—	—	Im Hafen.	2
10	12	15	2	—	—	—	—	37,00	—		3
—	—	—	—	—	—	—	—	—	—	Im Hafen Netze repariert.	4
40	42	33	5	17	—	—	—	107,00	—		5
—	—	—	—	—	—	—	—	—	—	Im Hafen.	6
									165,00		
—	—	—	—	—	—	—	—	—	—	Im Hafen Netze repariert.	7
37	45	30	6	33	—	—	—	119,00	—		8
—	—	—	—	—	—	—	—	—	—		9
36	24	17	5	27	—	—	—	90,00	—		10
44	25	20	5	8	—	—	—	100,00	—		11
—	—	—	—	—	—	—	—	—	—	Im Hafen.	12
41	23	20	7	12	—	—	—	143,00	—		13
37	26	18	—	11	—	—	—	138,00	—		14
—	—	—	—	—	—	—	—	—	—	desgl.	15
40	27	20	11	22	—	—	—	221,00	—		16
39	27	19	9	—	—	—	—	280,00	—		17
									1091,00		
31	18	16	4	11	—	—	—	70,00	—		18
—	—	—	—	—	—	—	—	—	—	Im Hafen.	19
41	19	17	6	9	—	—	—	124,00	—		20
—	—	—	—	—	—	—	—	—	—	desgl.	21
42	26	19	6	21	—	—	—	110,00	—		22
43	24	16	9	9	—	—	—	180,00	—		23
—	—	—	—	—	—	—	—	—	—	Sturmeshalb. im Hafen.	24
38	20	15	6	—	—	—	—	120,00	—		25
—	—	—	—	—	—	—	—	—	—	Im Hafen.	26
39	27	19	6	11	—	—	—	110,00	—		27
—	—	—	—	—	—	—	—	—	—	Sturmeshalb. im Hafen.	28
41	22	18	8	8	—	—	—	160,00	—		29
									874,00		
—	—	—	—	—	—	—	—	—	—	Im Hafen.	30
34	22	12	7	15	—	—	—	130,00	—		31
—	—	—	—	—	—	—	—	—	—	Sturmeshalb. im Hafen.	32
643	450	340	103	214	—	—	—	2260,00	2130,00		

Motorkutter „Köslin".

Laufende Nr.	Monat	Tag		Betriebstage		Fangort	Fanggerät	Wind		Wassertiefe in Meter und Grundbeschaffenheit	Strömung
		von	bis	im Hafen	in See			Richtung	Stärke nach Beaufort		
1	2	3	4	5	6	7	8	9	10	11	12
	Übertrag			29	56						
33	August	10.	12.	—	2	Holländische Mütze	Snurrwade	N.W.	2—4	44	N.
34	„	13.	15.	3	—	—	—	—	—	—	—
35	„	16.	18.	—	3	Polangen	desgl.	S.O.	2	38	S.
36	„	19.	—	1	—	—	—	—	—	—	—
37	„	20.	21.	—	2	desgl.	desgl.	S.W.	2	40	S.
38	„	22.	31.	10	—	—	—	—	—	—	—
39	September	1.	14.	14	—	—	—	—	—	—	—
40	„	15.	—	—	1	Polangen	Snurrwade	O.S.O.	2	38	S.
41	„	16.	18.	3	—	—	—	—	—	—	—
42	„	19.	22.	—	4	Holländische Mütze	desgl.	O.	4	44	N.
43	„	23.	27.	5	—	—	—	—	—	—	—
44	„	28.	29.	—	2	desgl.	desgl.	W.	2	40	N.
45	„	30.	—	1	—	—	—	—	—	—	—
46	Oktober	1.	5.	5	—	—	—	—	—	—	—
47	„	6.	8.	—	3	Holländische Mütze	Snurrwade	S.S.W.	2	44	N.
48	„	9.	10.	—	2	desgl.	desgl	N.O.	2	40	N.
49	„	11.	13.	—	3	desgl.	desgl.	S.W.	4	44	S.
50	„	14.	—	—	—	—	—	—	—	—	—
51	„	15.	17.	—	3	Polangen	desgl.	S.	2	39	S.
52	„	18.	20.	—	3	Holländische Mütze	desgl.	S.S.W	2	42	S.
53	„	21.	22.	2	—	—	—	—	—	—	—
54	„	23.	25.	—	3	desgl.	desgl.	N.O.	4	40	N.
55	„	26.	29.	—	4	desgl.	desgl.	O.N.O. S.S.O.	2	40	N.
56	„	30.	31.	1	—	—	—	—	—	—	—
57	November	1.	6.	6	—	—	—	—	—	—	—
58	„	7.	—	—	1	Polangen	Snurrwade	S.O.	2	38	N.
59	„	8.	—	—	1	—	—	S.S.O.	6	—	—
60	„	9.	10.	—	2	desgl.	desgl.	S.S.W.	2	36	S.
61	„	11.	—	—	—	—	—	—	—	—	—
62	„	12.	15.	—	4	desgl.	desgl.	N.W. W.	2—4 —6	34	S.
63	„	16.	17.	2	—	—	—	—	—	—	—
				82	99						

Motorkutter „Köslin".

Zahl der gemachten Fangzüge	Betriebsstunden des Motors großen		Fang an:					Erlös in	Monatserlös in	Bemerkungen	Laufende Nr.
		kleinen	Flunder Ctr.	Steinbutt Stück	Lachs Stück	Stör	Breitling	Mark	Mark		
13	14	15	16	17	18	19	20	21	22	23	24
643	450	340	103	214	—	—	—	2260,00	2130,00		
27	18	14	10	12	—	—	—	212,00	—		33
—	—	—	—	—	—	—	—	—	—	Sturmeshalb im Hafen.	34
31	25	19	10	16	—	—	—	220,00	—		35
—	—	—	—	—	—	—	—	—	—	Im Hafen.	36
17	9	8	4	—	—	—	—	80,00	—		37
—	—	—	—	—	—	—	—	—	—	Sturmeshalb. im Hafen.	38
									642,00		
—	—	—	—	—	—	—	—	—	—	Sturmeshalb. im Hafen.	39
10	8	7	4	—	—	—	—	80,00	—		40
—	—	—	—	—	—	—	—	—	—	desgl.	41
34	18	14	2	15	—	—	—	45,00	—		42
—	—	—	—	—	—	—	—	—	—	desgl.	43
14	12	8	4	14	—	—	—	70,00	—		44
—	—	—	—	—	—	—	—	—	—	desgl.	45
									195,00		
—	—	—	—	—	—	—	—	—	—	Sturmeshalb. im Hafen.	46
30	23	17	10	11	—	—	—	190,00	—		47
18	10	9	6	6	—	—	—	120,00	—		48
24	17	13	11	7	—	—	—	217,00	—		49
—	—	—	—	—	—	—	—	—	—	Im Hafen.	50
34	10	8	11	15	—	—	—	225,00	—		51
24	15	16	6	9	—	—	—	125,00	—		52
—	—	—	—	—	—	—	—	—	—	Sturmeshalb. im Hafen.	53
25	17	15	11	3	—	—	—	230,00	—		54
36	19	16	12	4	—	—	—	245,00	—		55
—	—	—	—	—	—	—	—	—	—	desgl.	56
									1352,00		
—	—	—	—	—	—	—	—	—	—	Sturmeshalb. im Hafen.	57
—	—	—	—	—	—	—	—	—	—		58
—	—	—	—	—	—	—	—	—	—	desgl.	59
23	18	15	6	26	—	—	—	218,00	—		60
—	—	—	—	—	—	—	—	—	—	Im Hafen.	61
20	14	11	8	6	—	—	—	165,00	—		62
—	—	—	—	—	—	—	—	—	—	Sturmeshalb. im Hafen.	63
1010	683	530	218	358	—	—	—	4702,00	4319,00		

Motorkutter „Köslin".

Laufende Nr.	Monat	Tag von	bis	Betriebstage im Hafen	in See	Fangort	Fanggerät	Wind Richtung	Stärke nach Beaufort	Wassertiefe in Meter und Grundbeschaffenheit	Strömung
1	2	3	4	5	6	7	8	9	10	11	12
	Übertrag			82	99						
64	November	18	—	—	1	Holländische Mütze	Scheerbrettnetz	S.W.	2	40	S.
65	„	19.	30.	12	—	—	—	—	—	—	—
66	Dezember	1.	17.	17	—	—	—	—	—	—	—
67	„	18.	—	—	1	Holländische Mütze	Scheerbrettnetz	W.	3	40	S.
68	„	19.	30.	12	—	—	—	—	—	—	—
69	„	31.	—	—	1	Bärenkopf	Lachsangeln	N O.	4	40	N.
	1907										
70	Januar	1.	—	—	1	Bärenkopf	Lachsangeln	N.O.	4	40	N.
71	„	2.	4.	3	—	—	—	—	—	—	—
72	„	5.	—	—	1	desgl.	desgl.	W.	4	40	N.
73	„	6.	10.	10	—	—	—	—	—	—	—
74	„	11	—	—	1	desgl.	desgl.	N.	4	40	N.
75	„	12	16.	5	—	—	—	—	—	—	—
76	„	17	—	—	1	desgl.	desgl.	N.W.	4	40	N.
77	„	18	31.	13	—	—	—	—	—	—	—
78	Februar	1.	28.	28	—	—	—	—	—	—	—
				182	106						

Vom 16. Mai 1906 bis 28. Februar 1907 = 288 Tage.

Motorkutter „Köslin".

Zahl der gemachten Fangzüge	Betriebsstunden des Motors		Fang an:					Erlös in	Monatserlös in	Bemerkungen	Laufende Nr.
	gro-ßen	kleinen	Flunder Ctr.	Steinbutt Stück	Lachs Stück	Stör	Breitling	Mark	Mark		
13	14	15	16	17	18	19	20	21	22	23	24
1010	683	530	218	358				4702,00	4319,00		
1	—	—	—	—	—	—	—	—	—	Keine Fänge, sturmeshalb. zurück i. Hafen.	64
—	—	—	—	—	—	—	—	—	—	Sturmeshalb. im Hafen.	65
									383,00		
—	—	—	—	—	—	—	—	—	—	Sturmeshalb. im Hafen.	66
2	—	—	—	—	—	—	—	—	—	Nur wenig Fangerträge an Flundern, Knurrhähnen, Steinbutten u. Dorsch. Kein Erlös dafür.	67
—	—	—	—	—	—	—	—	—	—	Sturmeshalb. im Hafen.	68
—	10	—	—	—	3	—	—	101,00	—		69
									101,00		
—	—	—	—	—	—	—	—	—	—		70
—	—	—	—	—	—	—	—	—	—	Sturmeshalb. im Hafen.	71
—	10	—	—	—	2	—	—	46,00	—		72
—	—	—	—	—	—	—	—	—	—	desgl.	73
—	10	—	—	—	3	—	—	66,00	—		74
—	—	—	—	—	—	—	—	—	—		75
—	10	—	—	—	—	—	—	—	—	Keine Fangerträge.	76
—	—	—	—	—	—	—	—	—	—	Teilweise wegen der unbeständigen Witterung, teilweise, weil kein Besteck für die Lachsangeln zu haben ist, im Hafen liegen geblieben.	77
									112,00		
—	—	—	—	—	—	—	—	—	—	Vom 1. bis 28. Februar einschl. konnte stürmischer Witterung und des zu vielen Eises halber die Seefischerei nicht ausgeübt werden. Seit dem 14. Februar ist der Memeler Hafen vom Eise blockiert.	78
1013	723	530	218 / 220 Ctr.	358	8	—	—	4915 00	4915,00		

Zweiter Teil.

Das offene Motorboot „Pommern".

Das in Figur 13 dargestellte Motorboot „Pommern" ist im Jahre 1903 zu Frederikshavn in Dänemark gebaut und seit dem Sommer 1903 an der hinterpommerschen Küste in Betrieb. Wir wiederholen hier seine Abmessungen nach dem Werk von Dittmer und Buhl:

Lfd. Nr.	Angabe	Bemerkungen
1	Länge über Steven . . . . . 7,2 m	
2	Größte Breite . . . . 2,5 „	
3	Tiefe . . . . 1,0 „	
4	Tiefgang ohne Ballast . . . . 0,7 „	
5	Baumaterial: Fichtenholz	
6	Stärke des Motors . 2,5 effektive PS	Zu 6: Der Motor ist System „Alpha".
7	Zahl der Zylinder 1	
8	Gewicht des Motors mit Schraubenwelle und Schraube . . . . 385 kg	
9	Länge des Motors . . . . . 0,84 m	
10	Breite des Motors . . . . . 0,51 „	
11	Höhe des Motors . . . . . . 1,02 „	
12	Schraubendrehungen in der Minute 425	

Der Motor treibt außer der Schraube eine Snurrwadenwinde, welche querboots steht. Die Formen des Bootes erleichtern das Aufschleppen an der offenen Küste.

Das Boot kostete mit voller Ausrüstung ohne Fanggeräte aber mit Einschluß der Reserveteile für den Motor 2400 M. Seine Ueberführung nach Deutschland wurde in der Weise bewirkt, daß die an der Küste laufenden Tourdampfer die Beförderung von Frederikshavn nach Swinemünde besorgten. Von dort fuhr es nach der hinterpommerschen Küste.

Es wurde zunächst einer Genossenschaft von Rügenwaldermünder Fischern übergeben, denen auf zwei Monate ein dänischer Fischer auf Kosten des Deutschen Seefischerei-Vereins beigegeben war. Seine Aufgabe war, die deutschen Fischer bei Behandlung des Motors zu unter-

Das offene Motorboot „Pommern". 125

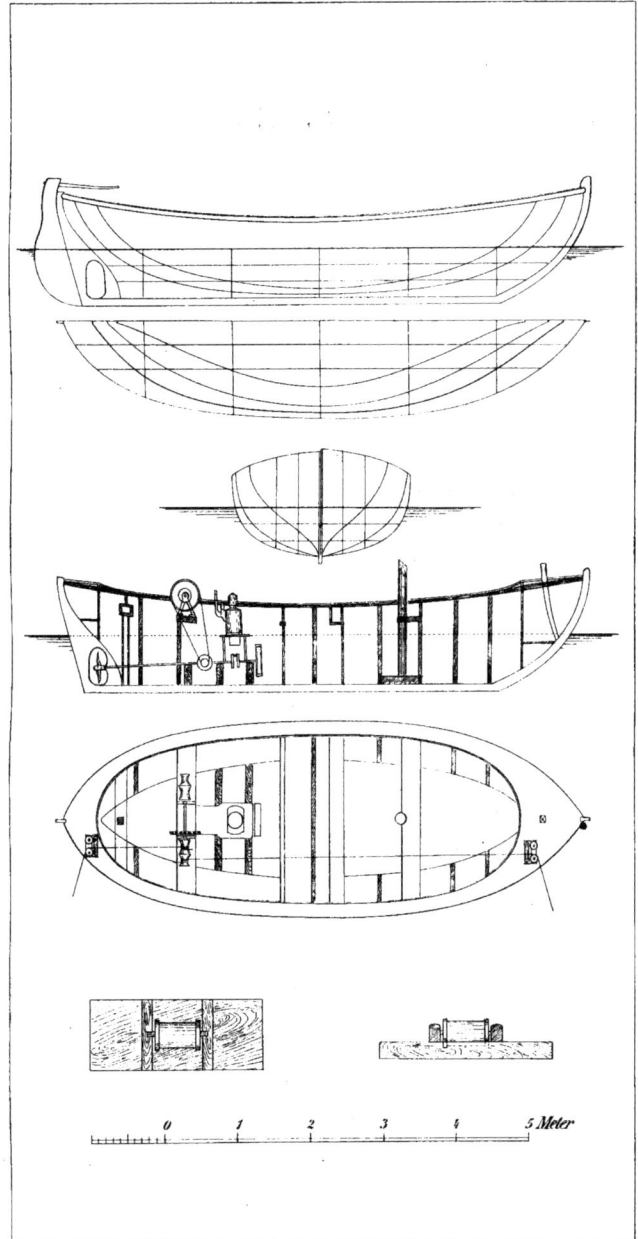

Fig. 13. Petroleummotorboot „Pommern". Konstruktionszeichnung. Die Zeichnung ist dem in dem Vorwort erwähnten Werke von Dittmer und Buhl entnommen.

richten und zu unterstützen, sowie ihnen den Fang mit der Snurrwade, die von dem Deutschen Seefischerei-Verein für das Boot beschafft war, zu zeigen. Diese Wade ist aber niemals benutzt worden.

Der Grund der Beschaffung des Bootes war der Fangbetrieb von der offenen Küste aus nach dem Muster der Betriebe von der offenen Kattegatsküste bei Skagen aus. Es stellte sich jedoch heraus, daß der Strand an der hinterpommerschen Küste für den Tiefgang des Bootes zu langsam ansteigt, sodaß es zu früh an Grund kommt und daß das regelmäßige Aufschleppen mit den an der offenen Küste vorhandenen einfachen Mitteln nicht möglich ist. „Pommern" fing deshalb zunächst von Rügenwaldermünde aus, wurde aber schon im Jahre 1903 einem Fischer in Kolberg übergeben. Von dort aus fängt es mit gutem Erfolg.

Die Leistungen, besonders die mit Motor allein, unter Segel allein, sowie diejenigen mit Motor und Segeln.

Die Leistung des Bootes mit Motor kann nur als genügend bezeichnet werden. Die Geschwindigkeit beträgt etwa 6 Seemeilen in der Stunde. Unter Segel wurden bei frischer Brise etwa 3 Seemeilen in der Stunde gelaufen*). Zum Gebrauch von Segel und Motor zusammen hat sich wenig Gelegenheit geboten, weil in der Hauptsache nur bei gutem Wetter und mäßigen Windstärken die Angelfischerei betrieben wurde.

Motorboot „Pommern" eignet sich als offenes Boot nicht für das Einlaufen in den Hafen von Kolberg. Bei unruhiger See ist das Einlaufen schon für dasselbe gefährlich, weil die See gegen den stets auslaufenden Persantestrom und den vor dem Hafen vorbeisetzenden Küstenstrom zu kurz und brechend ist und das Boot sich infolge seiner im Hinterteil befindlichen Maschinenschwere unter die See holt und vollschlägt.

Die Fischerei mit „Pommern" von der offenen Küste aus konnte deshalb nicht ausgeführt werden, weil der Eigner mit seinen Gehilfen nicht stark genug war, das Boot vom Strande abzubringen und wieder aufzuschleppen. Schon bei leichtem Seegange mußte er befürchten Schaden zu leiden durch Aufstoßen auf dem ersten Riff**). Ferner sind Hilfsmannschaften nicht immer zur Stelle zum Aufholen aus dem Seeschlag auf den Strand.

Der Strand ist vorherrschend Sand, stellenweise flach auslaufend, stellenweise tiefer mit vorliegenden Riffen.

---

*) Das Boot ist ein Motorboot mit Hilfstakelage. Es ist also natürlich, daß seine Leistungen unter Segel allein nicht erheblich sind.

**) Wegen der Riffbildung vor der Küste vergleiche „Rettungs- und Hilfsmittel in Seenot, sowie Winke für die Handhabung von Seefischereifahrzeugen und Booten" von R. Dittmer, Kapitän zur See a. D. Herausgegeben vom Deutschen Seefischerei-Verein. Zweite vermehrte und verbesserte Auflage. Hahn'sche Buchhandlung. Hannover und Leipzig. 1903. Preis 10 Pf.

Die Wasserstände an der Küste sind verschieden und wechseln bei an- und ablandigen Winden oft ganz bedeutend.

Der Tiefgang von „Pommern" beträgt mit Beballastung 80 cm.

Die Beballastung.

Der Ballast in „Pommern" liegt im Achterende, damit die Schraube bei Seegang nicht blindschlagen soll und beträgt zirka 150 kg.

Der Motor.

Der Motor in „Pommern" ist System „Alpha", 2,5 effective PS stark und genügt in jeder Weise für die an denselben gestellten Anforderungen. Bei nur einigermaßen Sorgfalt und Reinhaltung hat derselbe gut gearbeitet. Nur das häufige Platzen des Vergasers ist ein großer Uebelstand.

„Pommern" hat keine Umsteuerung der Schraube, sondern eine dreihügelige Schraube, die sich auskoppeln läßt und bei etwas Fahrt wenig aufhält.

Die jährlichen Kosten des Motors.

Die jährlichen Reparaturkosten stellten sich auf zirka 30 M.

Der Verbrauch an Petroleum stellte sich für 1905 in 471,5 Motorstunden auf 471,5 kg = 1 kg die Stunde = 0,4 kg für die Stunde und Pferdekraft; für 1906 in 1177 Motorstunden auf 1177 kg = 1 kg die Stunde = 0,4 kg für die Stunde und Pferdekraft = 7,2 Pf. (1 kg. = 18 Pf.)

Der Verbrauch an Motor- und Maschinenöl stellte sich für 1905 in 471,5 Motorstunden auf 45,26 M., die Stunde = 0,096 M. = 0,034 M, für die Stunde und Pferdekraft; für 1906 in 1177 Motorstunden ebenfalls auf 0,096 M. = 0,034 M. für die Stunde und Pferdekraft.

Die ausgeübten Fangbetriebe.

Die mit „Pommern" gemachten Fangbetriebe bestanden in Angelfischerei nach Dorsch und Flunder und zwar in der Weise, daß bei einigermaßen gutem Wetter beim jedesmaligen Einholen sofort wieder dieselbe Anzahl Angeln ausgelegt wurden, etwa 6000 Stück.

Die Fangperiode ist für „Pommern" die günstigste von Mitte März bis Mitte September. Der Nutzen des Motors liegt darin, daß mit „Pommern" bei Gegenwinden und Windstillen die Fangplätze leichter zu erreichen sind und ebenso bei der Rückfahrt eine schnellere Landung der Fische und dadurch bessere Preise erzielt werden.

Die Fanggründe und die Erträge aus den Fängen.

Die Angaben über die aufgesuchten Fanggründe und über die Erträge aus den Fängen enthält die folgende Tafel.

Monat April 1905.

Betriebstag	Fangort Richtung vom Hafen	Abstand in Seemeilen	Windrichtung	Windstärke	Seegang	Motorstunden	Petroleum kg	Fangergebnisse Dorsch in Stiegen	Flunder in Stiegen	Einnahme Mk.	Pf.	Bemerkungen
1.	O.N.O. bis N.O.	8—9	W.	5	4	7	7	3	—	12	—	
2.	„	„	S.	4	2	8	8	3	—	10	—	
3.	„	„	N.	5	4	6½	6½	3	—	12	—	
4.	„	„	W.	4	3	8½	8½	4½	—	14	—	
5.	„	„	W.	5	3	9	9	15	—	58	50	
7.	„	„	NW.	5	4	9½	9½	7½	—	27	50	
8.	„	„	W.N.W.	5	5	6	6	1½	—	7	—	
9.	„	„	W.	5	5	9	9	15	—	67	—	
13.	„	„	N.N.W.	3	2	10	10	13½	—	61	50	
18.	„	„	NO	5	5	8½	8½	13½	—	58	—	
22.	„	„	W.	5	4	8	8	7½	—	27	50	
11 Betriebstage						90	90	87		355	—	

Monat Mai.

1.	N.N.W.	10	S.	3	0	8	8	9	—	27	—	
3.	„	„	S.	3	0	9	9	7½	—	26	—	
4.	„	„	N.N.O.	2	1	9½	9½	12	—	42	50	
6.	„	„	N.O.	4	3	8½	8½	10½	—	38	—	
9.	„	„	W.	4	3	8	8	12	—	49	—	
10.	„	„	W.	3	2	9	9	9	—	37	—	
12.	„	„	W.	2	1	8	8	3	—	14	—	
14.	„	„	NO	4	3	11	11	7½	—	31	—	
15.	„	„	N.	2	1	9½	9½	12	—	48	50	
17.	„	„	N.O.	5	4	10	10	18	40	87	50	
19.	„	„	N.O.	5	4	11	11	12	30	58	—	
20.	„	„	N.O.	3	3	10	10	6	30	34	—	
21.	„	„	N.O.	5	4	8½	8½	3	40	25	—	
23.	„	„	N.W.	2	1	11½	11½	12	45	61	—	
24.	„	„	W.N.W.	2	1	8	8	—	20	38	—	
25.	„	„	still	0	0	9	9	—	11	7	—	
26.	„	„	N.	2	0	10	10	6	30	40	—	
27.	„	„	still	0	0	8	8	—	50	29	—	
29.	„	„	N.O.	2	0	7½	7½	—	50	81	—	
30.	„	„	N.N.O.	2	0	9½	9½	15	30	91	—	
20 Betriebstage						183,5	183,5	154,5	376	814	50	

Monat Juni 1905.

Betriebstage	Fangort		Wind-richtung	Windstärke	Seegang	Motorstunden	Petroleum kg	Fangergebnisse		Einnahme		Bemerkungen
	Richtung vom Hafen	Abstand in Seemeilen						Dorsch in Stiegen	Flunder in Stiegen	Mk.	Pf.	
2.	N N.W.	3 bis 4	W.	2	2	6½	6½	—		23	15	—
3.	„	„	W.N.W.	2	0	9	9	—		56	51	50
4.	„	„	O N O.	3	2	8	8	—		43	34	—
7.	„	„	N O.	5	5	6	6	—		17	10	—
20	„	„	still	0	0	5	5	—		32	24	—
21.	„	„	W.	2	2	6	6	—		24	17	—
22.	„	„	W.	5	4	7½	7½	—		43	29	—
23.	„	„	N.O.	4	4	8	8	—		52	40	50
24.	„	„	N.O.	3	3	7	7	—		34	27	—
26.	„	„	S.O.	3	1	5	5	—		8	5	—
27.	„	„	O.	2	0	8	8	—		31	25	-
28.	„	„	S.	2	1	6	6	—		36	27	—
29.	„	„	N O.	2	1	7	7	—		37	28	—
30.	„	„	O.N.O.	2	0	8	8	—		38	29	—
14 Betriebstage						97	97	—		474	362	—

Monat Juli.

1.	N.N.W. bis N.W.	4 bis 6	O.N.O.	2	1	7	7	—		45	48	—
3.	„	„	W.	2	1	8	8	—		50	56	—
4.	„	„	W.	2	1	7½	7½	—		52	58	—
5.	„	„	N.O.	3	2	6	6	—		24	21	—
8.	„	„	W.	5	4	6½	6½	—		32	30	50
24.	„	„	N.O.	2	1	8	8	—		46	57	—
25.	„	„	W.	5	4	8	8	—		63	170	50
26.	„	„	W.N.W.	4	3	7½	7½	—		48	69	50
27.	„	„	W.N.W.	2	1	9	9	—		45	59	—
28.	„	„	N.O.	3	2	7	7	—		21	20	—
10 Betriebstage						74,5	74,5	—		426	584	50

Vom 8 bis 24. durch Krankheit des Eigners behindert zu fischen.

Monat August.

1.	N.N.W. bis N.W.	4 bis 6	N.O.	2	1	10	10	—		65	167	—
4.	„	„	S.S.O.	3	0	8	8	—		50	90	—
5.	„	„	W.N.W	3	2	8½	8½	—		60	120	50
3 Betriebstage						26,5	26,5	—		175	377	50

Der Eigner musste infolge seiner kranken rechten Hand den Betrieb einstellen.

Zusammenstellung für die Zeit vom 1. April bis 5. August 1905.

April	11 Betriebstage	90	90	87	—	355	—	
Mai	20 „	183,5	183,5	154,5	—	376	814	50
Juni	14 „	97	97	—		474	362	50
Juli	10 „	74,5	74,5	…		426	584	50
August	3 „	26,5	26,5	—		175	376	50
Sa. 58 Betriebstage		471,5 Motorstunden	471,5 kg Petroleum	241,5 Stiege Dorsch.	1451 Stiege Flund.	2492	50	

Die Ausgaben für Petroleum, Motor- und Maschinenöl sind täglich vom Verdienst vorweg genommen worden.

Es wurden im ganzen ausgegeben:

a) Für Petroleum . . . . 84,87 M.
b) „ Motor- und Schmieröl . . . . . . 45,26 „
dazu kommen die Motorreparaturkosten in der Höhe von . . . . 30,00 „

Mithin . 160,13 M. jährliche Unkosten.

Monat April 1906.

Betriebstage	Fangort		Wind-richtung	Windstärke *)	Seegang *)	Motorstunden	Petroleum kg	Fangergebnisse		Einnahme		Bemerkungen
	Richtung vom Hafen	Abstand in Seemeilen						Dorsch in Stiegen	Flunder in Stiegen	Mk.	Pf.	
1.	O.N.O. bis N.O.	8 bis 9	N.	4	4	17	17	9	—	58	—	
4.	„	„	still	0	0	16	16	6	—	24	—	
5.	„	„	S.O	4	1	16	16	6	—	23	—	
6.	„	„	O.	2	0	17	17	7$^1/_2$	—	30	—	
7.	„	„	still	0	1	16	16	4$^1/_2$	—	18	50	
9.	„	„	still	0	1	16	16	1$^1/_2$	—	7	—	
10.	„	„	still	0	0	17	17	6	—	20	—	
11.	„	„	still	0	0	17	17	1$^1/_2$	—	6	—	
12.	„	„	still	0	0	16	16	4$^1/_2$	—	15	50	
14.	„	„	still	0	0	17	17	24	—	82	50	
18.	„	„	N.O.	3	3	17	17	9	—	27	—	
19.	„	„	N.O	5	5	4	4	3	—	11	—	
24.	„	„	still	1	1	17	17	12	—	49	—	
25.	„	„	N N O.	3	3	17	17	15	—	64	—	
26.	„	„	N.N.O.	3	3	17	17	4$^1/_2$	—	18	50	
27.	„	„	N.N.O.	2	2	16	16	4$^1/_2$	—	20	—	
28.	„	„	W.	2	2	16	16	6	—	26	—	
17 Betriebstage						269	269	124,5	—	500	—	

*) Je höher die Zahl, desto stärker ist Wind und Seegang. Die Windstärke wird von 0 bis 12, die Seegangsstärke von 0 bis 9 gezählt.

Monat Mai 1906.

Betriebstage	Fangort Richtung vom Hafen	Abstand in Seemeilen	Wind- richtung	Windstärke	Seegang	Motorstunden	Petroleum kg	Fang-ergebnisse Dorsch in Stiegen	Flunder in Stiegen	Einnahme Mk.	Pf.	Bemerkungen
1.	N.N.W.	10	W.	3	2	6	6	3	—	10	—	
3.	„	„	still	0	1	17	17	12	—	60	—	
4.	„	„	N.O.	3	2	17	17	12	—	50	50	
5.	„	„	still	0	1	17	17	4½	—	14	—	
8.	„	„	desgl.	0	0	16	16	3	—	15	—	
9.	„	„	S.S.O.	4	1	14	14	12	—	38	—	
11.	„	„	N.W.	3	2	16	16	9	—	36	50	
12.	„	„	N.O.	4	3	17	17	9	—	30	50	
15.	„	„	O.	3	2	16	16	6	—	27	—	
16.	„	„	still	0	1	17	17	6	—	24	—	
17.	„	„	N.O.	3	2	17	17	6	—	26	—	
18.	„	„	still	0	1	17	17	9	—	20	80	
19.	„	„	O.	2	1	16	16	6	—	19	—	
21.	„	„	N.O.	5	5	6	6	4½	—	16	50	
25.	„	„	still	0	1	16	16	3	—	13	50	
26.	„	„	W.	2	2	17	17	7½	—	20	—	
28.	„	„	desgl	2	2	17	17	4½	—	16	50	
30.	„	„	still	0	1	17	17	6	—	19	—	
18 Betriebstage						276	276	123	—	456	80	

Monat Juni.

1.	N.N.W.	3 bis 4	W.	6	5	12	12	—	20	20	—	
2.	„	„	desgl.	8	8	16	16	—	7	7	50	
6.	„	„	N.N.O.	3	2	17	17	—	15	15	—	
7.	„	„	desgl.	2	1	17	17	—	30	28	—	
8.	„	„	desgl.	5	3	16	16	—	28	25	—	
9.	„	„	N	4	4	16	16	—	40	32	50	
13.	„	„	still	0	0	17	17	—	50	40	—	
14.	„	„	W.	4	3	16	16	—	58	60	—	
15.	„	„	N.	3	2	17	17	—	50	48	—	
16.	„	„	still	0	2	17	17	—	42	42	—	
19.	„	„	N.O.	2	2	16	16	—	9½	9	50	
20.	„	„	still	0	0	17	17	—	36	36	—	
21.	„	„	W.	4	3	16	16	—	35½	35	50	
22.	„	„	desgl.	5	5	17	17	—	40	40	—	
26.	„	„	desgl.	4	4	10	10	—	18	18	—	
27.	„	„	S.W.	5	3	15	15	—	10	15	50	
29.	„	„	still	0	0	17	17	—	16	20	—	
30.	„	„	W.	6	5	4	4	—	4	6	—	
18 Betriebstage						273	273	—	509	493	50	

Scheerboot der Gel
(Die eingetra...

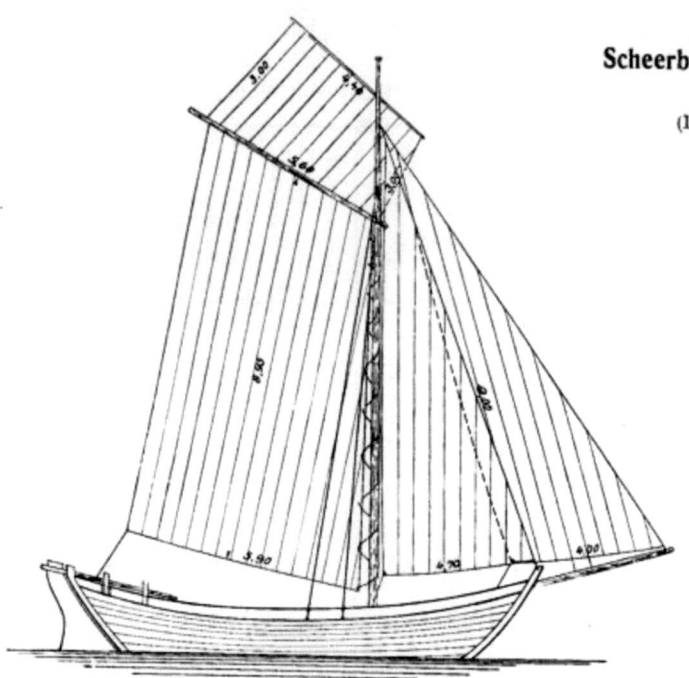

Segelzeichnung

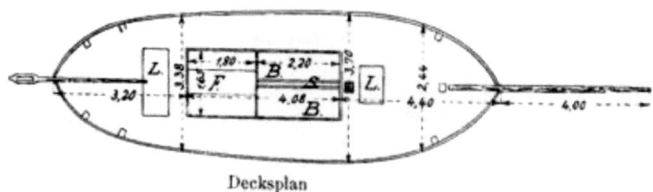

Decksplan

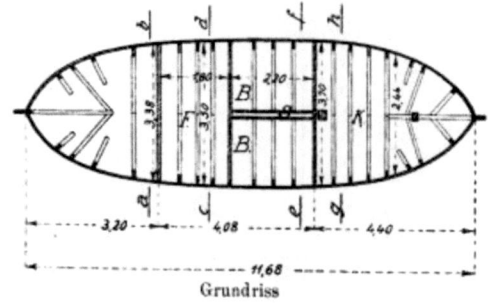

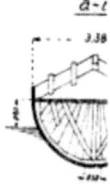

Grundriss

hinterpommerschen Küste.

baut in Cammin.
genen Maße sind Meter.)

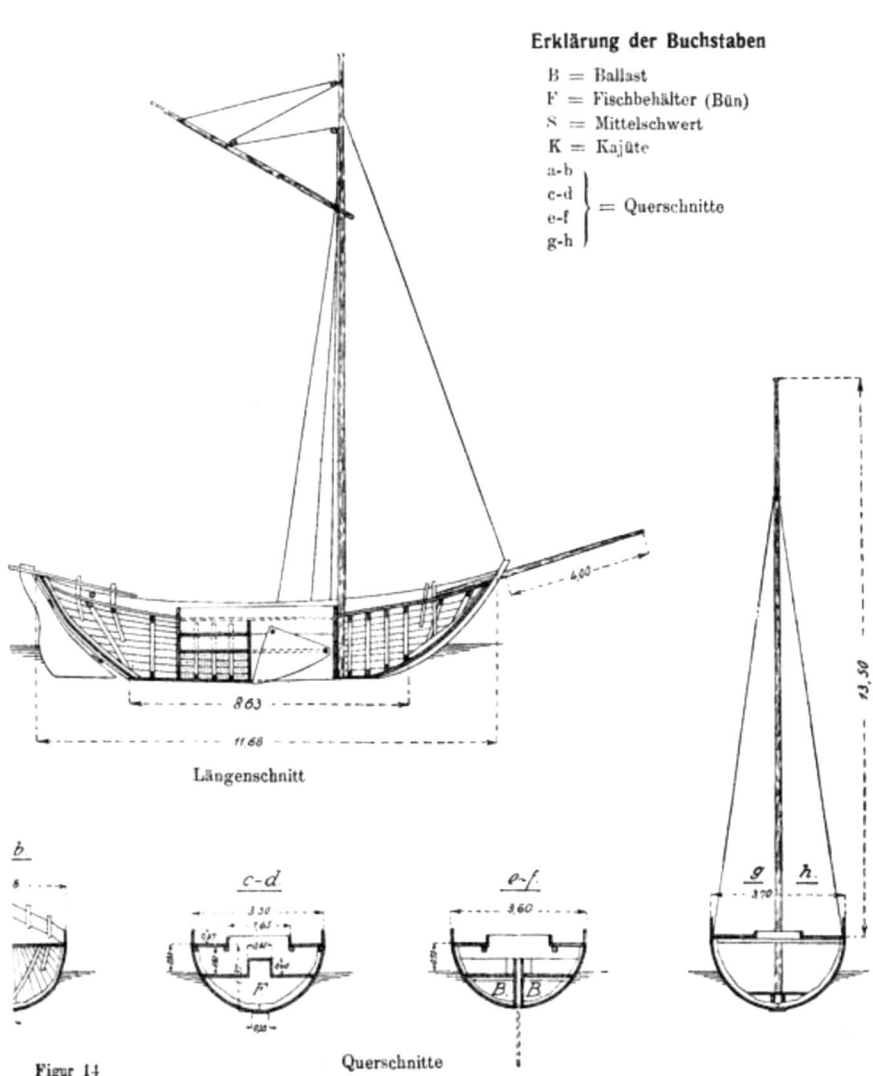

Erklärung der Buchstaben

B = Ballast
F = Fischbehälter (Bün)
S = Mittelschwert
K = Kajüte
a-b
c-d
e-f } = Querschnitte
g-h

Längenschnitt

Figur 14.   Querschnitte

Monat Juli 1906.

Betriebstage	Fangort Richtung vom Hafen	Abstand in Seemeilen	Windrichtung	Windstärke	Seegang	Motorstunden	Petroleum kg	Dorsch in Stiegen	Flunder in Stiegen	Einnahme Mk.	Pf.	Bemerkungen
6.	N.N.W. bis N.W.	4 bis 6	S.O.	3	2	17	17	—	45	78	50	
7.	„	„	N.O.	3	3	17	17	—	49	78	50	
9.	„	„	N.W.	3	2	16	16	—	43	65	—	
13.	„	„	W.	4	2	16	16	—	21	38	—	
14.	„	„	N.W.	3	2	16	16	—	24	42	—	
15.	„	„	W.	4	4	17	17	—	75	136	—	
20.	„	„	desgl.	3	2	16	16	—	33	69	—	
23.	„	„	still	0	0	17	17	—	27	43	50	
25.	„	„	N.N.W.	2	2	19	19	—	53	133	—	
26.	„	„	W.N.W.	4	3	15	15	—	14	13	—	
31.	„	„	still	0	0	18	18	—	45	102	—	
11	Betriebstage					184	184	—	429	798	50	

Monat August.

1.	N.N.W. bis N.W.	4 bis 6	still	0	0	16	16	—	50	82	50	
2.	„	„	desgl.	0	0	16	16	—	40	69	50	
3.	„	„	desgl.	0	0	16	16	—	27	46	50	
4.	„	„	W.	4	3	14	14	—	22	46	—	
9.	„	„	desgl.	3	2	12	12	—	15½	21	50	
10.	„	„	W.S.W.	4	4	16	16	—	6	6	—	
15.	„	„	S.S.O.	5	2	5	5	—	3	4	50	
16.	„	„	desgl.	2	1	13	13	—	6½	20	—	•
17.	„	„	still	0	0	16	16	—	8	13	—	
28	„	„	W.N.W.	4	5	4	4	—	9	7	50	
10	Betriebstage					128	128	—	187	317	—	

Monat September.

2.	N.N.W. bis N.W.	4 bis 6	still	0	0	16	16	—	3	5	—	
3.	„	„	S.O.	4	2	14	14	—	3	5	50	
4.	„	„	O.	2	1	17	17	—	12	18	—	
3	Betriebstage					47	47	—	18	28	50	

Zusammenstellung für die Zeit vom 1. April bis 4. September 1906.

April	17	Betriebstage	....	269	269	124,5	—	500	—	Die Fischerei wurde mit dem 4. Septemb. eingestellt, weil die Fischer ihre Hochseekutter zum Heringsfang fertig machten.
Mai	18	„	....	276	276	123	—	456	80	
Juni	18	„	....	273	273	—	509	493	50	
Juli	11	„	....	184	184	—	429	798	50	
August	10	„	....	128	128	—	187	317	50	
September	3	„	....	47	47	—	18	28	50	
Sa. 77 Betriebstage				1177 Motorstunden	1177 kg Petroleum	247,5 Stiegen Dorsch.	1143 Stiegen Flund.	2594	30	M. Einnahme

Die Ausgaben für Petroleum, Motor- und Maschinenöl sind täglich vom Verdienst vorweg abgenommen worden.
Es wurden im ganzen ausgegeben:

a) für Petroleum . . . . 211,86 M.
b) für Motor- und Schmieröl . . . . 112,99 „
Dazu kommen die Motorreparaturkosten
in der Höhe von . . . . 30,00 „

Mithin 354,85 M.
jährliche Unkosten.

Die Motorwinde.

Die Motorwinde ist nicht gebraucht worden, weil mit dem Boot nur Angelfischerei betrieben wurde.

Die Benutzbarkeit des Pommern-Typus für die hinterpommersche Küste und im allgemeinen.

Obgleich mit „Pommern" gut gefischt ist, dürfte sich die weitere Beschaffung von Booten dieser Art im Interesse der Sicherheit der Bemannung doch nicht empfehlen. In Erwägung zu ziehen wäre, die kleinen dänischen Lachskutter[*], die gedeckt sind und der Bemannung mehr Sicherheit gewähren, mit ebenso starken Motoren zu versehen, wie „Pommern". Schon die in den letzten Jahren hier eingeführten, halb verdeckten Scheerboote mit Mittelschwert von dem in Figur 14 auf Seite 132 und 133 dargestellten Typus bieten den Fischern bessere Sicherheit vor dem Vollschlagen durch Brechseen in der Hafenmündung.

Bei plötzlich auftretenden Winden mit schnell zunehmendem Seegang können die verdeckten Boote sicher in den hiesigen Hafen einlaufen, auch sind dieselben in der Lage, sich mit Segeln zu helfen, wenn der Motor versagt.

Weitere Lehren.

Die Motore in den Fischkuttern sind von großem Nutzen.

Bei auflandigen Winden und bei Windstillen können die Fischer mit den Motorkuttern zu den Fangplätzen kommen und dort fischen, bei ablandigen Winden und Windstillen schneller an Land kommen und ihre Fänge abgeben. Hierdurch erzielen die Fischer bessere Preise und die gefangenen Fische werden hauptsächlich im Sommer vor dem Verderben geschützt.

---

[*] Dieser Kutter ist auf Seite 14 und 15 des Werkes von Dittmer und Buhl dargestellt und beschrieben.

Am geeignetsten für den Motorbetrieb an der pommerschen Küste dürften sich die Hochseekutter dänischer Bauart und zwar entsprechend der Größe von 8 bis 10,25 m Länge und 3 bis 3,40 m Breite, wie sie hier im Betrieb sind, empfehlen.

Mit diesen Kuttern kann das ganze Jahr durch, so lange offenes Wasser ist, die Fischerei betrieben werden, im Winter nach Dorsch, im Frühjahr nach Lachs und Dorsch, im Sommer nach Flunder und im Herbst, oftmals auch im Frühjahr, nach Hering.